OSHO

TRÊS PASSOS
PARA DESPERTAR

*Palestras extemporâneas dadas por
Osho em Ahmednagar, na Índia*

OSHO

TRÊS PASSOS
PARA DESPERTAR

Tradução de Maria Cláudia Franchi

Copyright © **1965, 2016** OSHO International Foundation, www.osho.com/copyrights
All rights reserved.

Título original: *Three Steps to Awakening*
Publicado originalmente em hindi como Samadhi Ke Teen Charan. O material deste livro é uma série de palestras dadas ao vivo por OSHO. O arquivo de texto completo do OSHO pode ser encontrado na biblioteca on-line do OSHO em www.osho.com/Library.

OSHO® é uma marca registrada de Osho International Foundation, www.osho.com/trademarks

Nova edição

© 2023, Editora Nacional.
1ª edição – São Paulo – 2023
Todos os direitos reservados. Nenhuma parte desta obra pode ser reproduzida ou transmitida por qualquer forma ou meio eletrônico, inclusive fotocópia, gravação ou sistema de armazenagem e recuperação de informação sem o prévio e expresso consentimento da editora.

Diretor-presidente: Jorge Yunes
Gerente editorial: Claudio Varela
Editores: Ricardo Lelis, Ivânia Valim
Assistente editorial: Julia Tourinho, Isadora Theodoro Rodrigues
Suporte editorial: Nádila Sousa, Fabiana Signorini
Preparação de texto: Tulio Kawata
Revisão: Franciane Batagin Ribeiro, Mel Ribeiro
Coordenadora de arte: Juliana Ida
Designer: Valquíria Palma
Diagramação: Marcos Gubiotti
Tradução: Maria Cláudia Franchi
Projeto gráfico de capa e miolo: Marcela Badolatto
Gerente de marketing: Renata Bueno
Analistas de marketing: Anna Nery, Daniel Moraes, Marcos Meneghel

DADOS INTERNACIONAIS DE CATALOGAÇÃO NA
PUBLICAÇÃO (CIP) DE ACORDO COM ISBD

O82t
    Osho
       Três passos para despertar / Osho; traduzido por Maria Cláudia Franchi. – São Paulo, SP: Editora Nacional, 2023.
       120 p. ; 16cm x 23cm.

       Tradução de: Three Steps To Awakening.
       ISBN: 978-65-5881-164-0

       1. Autoajuda. 2. Despertar 3. Felicidade. I. Franchi, Maria Cláudia. II. Título.

2023-1680   CDD 158.1
                                                                              CDU 159.947

Elaborado por Odilio Hilario Moreira Junior - CRB-8/9949

Índice para catálogo sistemático:
Autoajuda 158.1
Autoajuda 159.947

Rua Gomes de Carvalho, 1306, 11º andar – Vila Olímpia
São Paulo – SP – 04547-005 – Brasil – Tel.: (11) 2799-7799
www.editoranacional.com.br – editoras@editoranacional.com.br

SUMÁRIO

Prefácio	7
1. A liberdade da consciência	9
2. A simplicidade da mente	33
3. A verdadeira resposta está na percepção interior	59
4. A mente vazia	95
Sobre OSHO	117
Outros livros de OSHO	118
Mais informações	120

PREFÁCIO

Acordar ou despertar significa acabar com o sonho – tudo o que se conhecia até ali deixa de existir. Desse modo, torna-se difícil descrever o que significa despertar, pois a sua linguagem é a de quem dorme. Nesse momento, tudo o que lhe for dito e que você possa entender deverá ser feito na linguagem do sonho. Se eu disser que você será feliz, você há de imaginar a felicidade que conhece do sonho. Se eu disser que será infeliz, você irá pensar na mesma infelicidade conhecida no sonho.

Se você pensa, não alcança. É por esse motivo que todos os budas ficam em silêncio. Sempre que alguém lhes pergunta o que acontece após o despertar, eles permanecem em silêncio. Dizem "desperte e veja", porque é algo que está além da linguagem que você conhece ou da sua capacidade de compreensão adquirida por meio dessa linguagem. Sua felicidade ou infelicidade não está ali. Sua paz ou inquietude também não. Tampouco sua satisfação ou insatisfação – ou qualquer coisa que você tenha conhecido até agora. As escrituras que você conhece não estão ali. As imagens do divino que você construiu também não. Nem mesmo a noção que você tem sobre céu e inferno existem ali. Quando você não está ali, suas noções também não estão.

Existe algo que não pode ser descrito, não pode ser definido – você pode chamá-lo *bramã*, *vishnupada*, *jinpada* ou estado de buda, mas mesmo essas palavras não conseguem dar-lhe sentido. Um tolo não é capaz de descrever que gosto tem o açúcar, mas consegue saboreá-lo.

O que vai acontecer depois do despertar? Você vai sentir o sabor do divino, o sabor que vem tentando alcançar nas últimas vidas, sem sucesso – ele sempre lhe escapa. Não é possível descrevê-lo. Se você está entediado com a sua vida, acorde. Mas, se ainda não tiver um pingo de interesse, vire-se de lado e volte a dormir.

Um dia, você terá que acordar. O sono não pode ser eterno, nem o descanso absoluto, e a escuridão não pode ser a verdade derradeira. Mais cedo ou mais tarde, você vai ter que acordar – depende só de você. Mas, ao despertar, você irá se arrepender por não o ter feito antes. Bastava erguer um braço – estava tão perto.

Osho
The Song of Ecstasy

1

A liberdade da consciência

Estou pensando sobre qual assunto devo falar a vocês. Existem tantos tópicos e há tantas questões no mundo que essa hesitação é bastante natural. Existem muitas escolas de pensamento, teologias, doutrinas a respeito da verdade. Temo que minhas palestras façam aumentar o já tão pesado fardo que existe sobre a humanidade. Estou bastante hesitante, com medo de dizer coisas que talvez fiquem na cabeça de vocês. Tenho medo de que vocês se apeguem ao que está sendo dito, que achem o que vou dizer muito atraente, de modo que minhas palavras façam morada em suas mentes.

O homem está perturbado e angustiado em razão de pensamentos e doutrinas. É por causa das doutrinas que a verdade nunca nasce na vida de um homem. Conhecimento e opiniões alheias estão sempre com ele e são obstáculos à verdade. Não se alcança o conhecimento a partir do lado de fora; tudo o que acumulamos a partir do lado de fora impede que encontremos a verdade.

Eu também estou do lado de fora com relação a vocês. Tudo o que eu disser também vai partir daqui do que é externo; não considerem que isso seja algum tipo de conhecimento. Não é; para você não pode ser conhecimento. Tudo aquilo que lhe é dado por alguém não pode ser considerado conhecimento seu, e há ainda o perigo de que acabe por esconder a sua própria ignorância. Com sua ignorância encoberta, escondida, talvez você passe a achar que sabe alguma coisa.

Ao ouvir algo a respeito da verdade, sentirá que a conhece. Após ler sobre a verdade, vai achar que a conhece e, assim, você se tornará deficiente e incapaz de alcançá-la.

Primeiro, deixem-me dizer a vocês que tudo aquilo que vier de fora jamais pode ser considerado conhecimento próprio. Obviamente, alguém pode me perguntar por que então estou falando. Por que insisto em falar? Estou do lado de fora e continuo falando. Minha resposta é a de que vocês devem considerar tudo o que lhes vier de fora como sendo de fora; jamais considerem que aquilo é conhecimento seu. Não importa se veio de mim ou de qualquer outra pessoa.

O conhecimento é a verdadeira natureza de cada ser humano. E para conhecermos nossa natureza, não precisamos olhar para fora. Se quisermos conhecer o que existe dentro de nós, devemos desaprender tudo o que aprendemos a partir de fora, devemos colocar tudo de lado.

Quem quiser conhecer a verdade deve colocar as escrituras de lado. Aquele que se prende às escrituras não é capaz de alcançar a verdade. E nós todos estamos presos às escrituras; todos os tormentos do mundo se devem ao apego às escrituras. Quem são os hindus, os muçulmanos, os jainas, os cristãos ou os parses? O que os faz lutar uns contra os outros?

O que os separa são as escrituras. São elas que os fazem lutar entre si. Toda a raça humana está dividida porque algumas pessoas se prendem a certos livros e outras se prendem a outros. Tais livros se tornaram tão valiosos que podemos matar por eles. Nos últimos três mil anos, matamos milhões de pessoas por causa do valor desses livros. Porque eles se tornaram dignos de adoração, até mesmo o divino que existe dentro do homem pode ser rebaixado, rejeitado, esmorecido. Foi isso que aconteceu e acontece até hoje.

O muro que existe entre um homem e outro é feito de escrituras religiosas. Você já se perguntou como as escrituras, que separaram um homem do outro, podem uni-lo à existência? Como é possível que aquilo que separa um homem do outro possa ser escada para conectá-lo à existência? Pensamos que talvez iremos encontrar algo nas escrituras. De fato, encontramos: palavras. Encontramos palavras que definem o que é a verdade e decoramos essas palavras. Elas entram em nossa memória e achamos que aquilo é conhecimento.

Memória não é conhecimento. Aprender algo e memorizá-lo não é saber. Conceber o conhecimento é algo completamente diferente. É uma revolução em toda a sua vida. Treinar a memória

◆ A liberdade da consciência ◆

é outra coisa; permite que alguém se torne um erudito, mas não lhe desperta a sabedoria.

Não vou cometer o pecado de lhes dar um sermão. Todos aqueles que o fazem são agressivos e pecadores. Eu não darei nenhum sermão. Estou aqui apenas para compartilhar algumas coisas com vocês. Não porque vocês devem acreditar nelas; qualquer pessoa que diga isso é seu inimigo. Alguém que lhe diz para ter fé, para crer, é fatal para você; impede que a sua vida avance. Alguém que lhe diz para ter fé é um obstáculo para o despertar da sua inteligência.

Cremos há muito tempo, e o mundo atual é resultado de toda essa crença. Pode haver um mundo mais podre do que este? Mais corrupto? Somos um povo que crê e tem sido assim por muito tempo. Pode o homem ser pior do que já é? Nossos cérebros podem ser ainda mais sujos? Pode haver ainda mais dor, mais tensão, mais angústia? Nós cremos há muito tempo, o mundo inteiro crê – alguns em um templo, outros em uma mesquita, uma igreja; alguns creem neste livro, outros naquele; uns acreditam neste profeta, outros acreditam naquele outro. O mundo inteiro crê. E, apesar de toda essa crença, o resultado é o mundo de hoje.

Algumas pessoas dirão que isso se deu devido à falta de fé. Pois eu digo a vocês, tomara que a existência consiga acabar com toda a fé. Se essas crenças se tornarem absolutas, será o fim do homem – pois sua inteligência estará destruída. Crenças são *anti-inteligência*. Quando alguém lhe diz para acreditar naquilo que ele está dizendo, o que ele realmente quer é que você não caminhe com as próprias pernas. Quando alguém lhe diz para ter fé, na verdade, está lhe dizendo: "Por que você precisa de olhos se eu já os tenho?".

Li uma história uma vez...

◆

Numa vila, havia um homem que tinha perdido a visão. Ele já era velho. Já era bem velho; tinha lá seus noventa anos. Todos os membros da família – e ele tinha oito filhos –, todos os oito filhos lhe disseram para procurar um tratamento para os olhos. Segundo eles, os médicos disseram que aquilo tinha cura.

O velho disse:

◆ Três passos para despertar ◆

— Por que eu preciso de olhos? Eu tenho oito filhos e, juntos, eles têm dezesseis olhos. Eles têm oito esposas com mais dezesseis olhos. Existem trinta e dois olhos para enxergar por mim; por que eu preciso de olhos? Para quê? Posso ser cego.

Os filhos insistiram de novo e de novo, mas sem sucesso. O velho não concordou. Ele disse:

— Por que eu preciso de olhos? Existem trinta e dois olhos na minha casa.

O tempo passou. Um dia, a casa pegou fogo. Os 32 olhos saíram e deixaram o velho lá dentro. A casa estava em chamas, o velho estava lá dentro e os 32 olhos correram para fora. Foi então que ele se deu conta de que apenas os próprios olhos são capazes de ajudar; os olhos dos outros não servem de ajuda.

◆

Só a inteligência própria é que tem serventia; crenças passadas pelos outros não servem de nada. Na vida, estamos o tempo todo rodeados por chamas. Estamos cercados pelo fogo da vida 24 horas por dia. Apenas nossos próprios olhos podem nos ajudar e não os olhos de outra pessoa – nem os de Mahavira, Buda, Krishna ou Rama. Os olhos dos outros não podem nos ajudar.

Mas os padres, mercadores da religião, aqueles que exploram em nome da religião são os que pregam em nome da fé: "Qual é a necessidade da inteligência? Por que ter pensamentos próprios? Os pensamentos já estão disponíveis. Pensamentos divinos estão disponíveis; você deveria acreditar neles".

Temos acreditado nesses pensamentos e estamos despencando. Indo cada vez mais para baixo. Nossa consciência afunda continuamente. Nenhuma consciência é capaz de se elevar por meio de crenças. A crença é suicídio. Eu não digo a vocês para acreditarem em nada. Digo-lhes para se livrarem de tudo aquilo em que acreditam.

Alguém que queira provar da verdade, que queira aproximar-se do divino e experimentar sua luz e amor deve se lembrar de que o primeiro passo é estar livre de todos os tipos de crença. Liberdade, liberdade da consciência, liberdade da inteligência, essa é a primeira condição para que se conheça a verdade. Alguém sem a consciência livre será capaz de conhecer tudo, exceto a

♦ A liberdade da consciência ♦

verdade. A liberdade da consciência é essencial para abrir as portas da verdade.

As crenças levam à cegueira, elas escravizam. A fé é limitante e escravizante. As escrituras e doutrinas são limitantes e escravizantes. É surpreendente: você nasce em uma determinada família – que, por acaso, é uma família hinduísta ou muçulmana – e tem que ter fé naquilo desde o berço. Pelo resto da vida, você dirá "sou hindu; sou muçulmano; sou cristão; sou jaina". É possível adquirir conhecimento ao nascer? Há alguma relação entre sangue e conhecimento? Pode uma casa ter alguma relação com o saber? Se fosse possível tornar-se um religioso a partir do momento em que se nasce, o mundo inteiro seria religioso. Mas o fato de este mundo ser tão irreligioso é a prova de que a religião nada tem a ver com o nascimento – apesar de todos termos adquirido alguma religião assim que chegamos ao mundo. Adquirir uma religião assim que se nasce é a raiz do problema. É por causa disso que a religião não pode descer sobre a Terra.

Ninguém é religioso ao nascer, as pessoas se tornam religiosas ao longo da vida. Ninguém pode ter fé ou crenças ao nascer. Antes que a nossa inteligência desperte, a sociedade, a família, os pais, professores e aqueles que pregam nos amarram às crenças. Antes que nossa inteligência possa levantar voo, as correntes das crenças nos prendem à Terra. Seguimos mancando com essas correntes pelo resto da vida. Não somos capazes de pensar. Uma pessoa com crenças não é capaz de pensar, pois está sempre analisando as coisas do ponto de vista de suas crenças. Seus pensamentos são presos aos preconceitos. Todos emprestados e falsos. Não são pensamentos individuais.

Um pensamento que não seja próprio, uma inteligência que não seja própria, é falsa. Ela não possui verdade; não possui nenhum embasamento sobre o qual seja possível construir a vida.

O que tenho perguntado às pessoas em todos os cantos é: "Você está cheio de crenças; existe algum pensamento aí também?". Ao que eles respondem: "Temos muitos pensamentos". E eu: "E algum deles é seu? Propriamente seu? Ou todos eles vieram de outrem?".

Pode a riqueza alheia trazer vitalidade à sua vida? Toda a riqueza do nosso pensamento é emprestada, pertence aos outros.

◆ Três passos para despertar ◆

Essa é a primeira subserviência da nossa mente. A mente precisa ser livre de toda escravidão. Só é possível que um novo homem nasça quando sua mente se liberta de todos os pensamentos e conceitos emprestados. A liberdade é o elemento principal.

Aqueles que querem ir em busca da verdade, nos quais está despertando a sede de conhecer o sentido da vida, nos quais existe um desejo de conhecer qual é o propósito desta vasta existência e de tudo o que nos cerca... Aqueles que desejam conhecer esse êxtase, essa felicidade, esse estado divino, devem ter em mente que a primeira condição, o ato introdutório, é conduzir a consciência em direção à liberdade, é libertá-la. Para se obter a liberdade definitiva, é necessário que o primeiro passo seja construir as bases dessa liberdade.

Estamos todos presos; todos estamos atados a uma crença ou outra. Por quê? Estamos presos porque, para saber das coisas, é preciso ter coragem e se esforçar.

Para acreditar em algo, não há necessidade de coragem ou de esforço. Para crer não é preciso fazer qualquer esforço; não é preciso nenhuma disciplina espiritual. Para ter fé em alguém, você precisa de muita falta de coragem, falta de esforço, falta de disciplina. Você precisa ser extremamente preguiçoso e ter uma tendência à inércia; então, a crença virá naturalmente. Os que não querem procurar por si mesmos, acabam acreditando naquilo que os outros dizem, pressupõem que o que os outros dizem é verdade.

São indivíduos que não têm nenhum respeito à verdade, que acreditam em doutrinas triviais sobre ela; um indivíduo que não é sedento pela verdade acredita facilmente nos pensamentos que lhe são repassados. Se alguém tiver um desejo verdadeiro pela verdade, ele não irá limitar-se a nenhuma religião, nenhuma doutrina, nenhuma seita. Irá pesquisar, irá descobrir por si mesmo. Irá colocar toda a sua energia nessa busca – e alguém que busca dessa maneira, certamente irá encontrá-la. Aquele que segue crendo, não apenas perde a oportunidade de viver, mas acaba por não encontrar a verdade.

Alcançar a verdade exige esforço e disciplina. Mas nós começamos acreditando; somos pessoas assustadas, com medo. Caímos aos pés de qualquer um. Seguramos a mão de qualquer

◆ A liberdade da consciência ◆

pessoa e pedimos uma explicação para a vida. Queremos cruzar o rio e transpor a margem com a ajuda de qualquer guru, qualquer homem santo. Isso é impossível. É absolutamente impossível; não há nada mais impossível que isso.

A liberdade é condição irrevogável da consciência.

Como nossa consciência pode ser livre? Como podemos libertá-la e emancipá-la? Como trazer uma mente estagnada, aprisionada aos padrões, para fora dessa prisão? É sobre isso que eu gostaria de falar com vocês, detalhadamente, em três ou quatro momentos. O maior problema que o ser humano enfrenta é a liberdade de sua consciência. A questão não é Deus, a questão é a liberdade da consciência humana.

As pessoas me perguntam se Deus existe. Eu lhes respondo: "Esqueça-se de Deus; diga-me, sua consciência é livre?". Se alguém me perguntar se o céu existe, se o Sol existe, o que devo responder? Devo perguntar: "Você está de olhos abertos?". O Sol existe, mas a questão é se a pessoa está com os olhos abertos ou não. O Sol existe, mas, para vê-lo, é preciso abrir os olhos. O divino existe, mas é preciso ter a consciência aberta para que ele possa adentrar o ser. Como uma mente confinada e olhos fechados podem ver?

Uma pessoa obcecada por crenças está com os olhos fechados e a mente restrita. Quando se tem um determinado ponto de vista, tem-se também algum tipo de conceito; e, antes que se perceba, a mente já está fechada. As portas estão fechadas. Daí a pergunta: "Deus existe? A verdade existe?".

Para uma mente fechada, certamente não existe nenhum Deus ou verdade. A verdadeira questão não é se Deus existe ou não, se a alma existe ou não, tampouco se existe verdade ou não. O verdadeiro problema é: essa pessoa possui uma consciência capaz de saber? Sem essa consciência, jamais houve ou haverá um meio de se alcançar a vida ou de descobrir qual é o seu sentido. Apenas alguém cuja inteligência seja livre e tenha adquirido a capacidade de observar é que poderá alcançar o saber.

Como podemos conduzir nossa consciência na direção da liberdade definitiva? Como abrir as portas? Como abrir as janelas para deixar entrar a luz do Sol? Como abrir os olhos para poder ver o que existe? Quando passamos a acreditar em algo, nossos olhos ficam cobertos por uma cortina e não conseguimos enxergar o que existe; em vez disso, passamos a enxergar o que acreditamos que existe.

Há pessoas que tiveram uma visão de Krishna, ou de Rama, ou de Cristo. Tais visões são possíveis. Se passarmos a acreditar em algo, se tivermos fé e começarmos a dar muita importância àquilo; se a lembrança for frequente; se pensarmos sobre o assunto e nos hipnotizarmos continuamente com ele por meio de jejuns e penitências; se pensarmos dia e noite sobre aquilo e ficarmos obcecados com esse pensamento, essa crença, então teremos uma visão. Não será uma visão verdadeira, será apenas manifestação da nossa imaginação. Será apenas uma visão de nossos pensamentos. Será a projeção das nossas crenças. Será nosso próprio sonho, o qual demos à luz. Mundo afora, pessoas de diferentes religiões têm diferentes visões. Essas visões não são reais.

Para ficar cara a cara com a verdade nua e crua, para conhecer a divindade como ela realmente é, temos que abdicar de todos os conceitos e imaginações, deixar que todas as nossas imaginações desapareçam, que todos os nossos pensamentos evaporem, até sermos capazes de olhar sem qualquer crença restante dentro de nós. Uma visão livre de crenças é uma visão verdadeira. Uma visão baseada em crenças é uma projeção da nossa imaginação, uma visão dessa imaginação. Não se trata de uma visão religiosa; trata-se de uma projeção da nossa imaginação e sonhos. Não é uma experiência real; ela foi preparada e manufaturada pela própria mente. É uma criação mental; é um produto nosso.

Muitas pessoas tiveram uma visão de Deus. Mas não é uma visão de Deus, pois Deus não tem nenhuma forma. A verdade não tem nenhuma forma ou atributos. Para conhecer a verdade que permeia tudo, precisamos estar vazios e em silêncio absoluto.

Se nossa consciência estiver absolutamente sem escolhas, sem artifícios e em paz, se nenhum pensamento estiver flutuando em nossa mente, se nenhum sonho surgir... Se tivermos uma consciência em completo silêncio, então, nesse silêncio, o que iremos conhecer?

Nesse silêncio, conhece-se algo. Nesse vazio, uma conexão, um contato é feito. Nessa paz, entramos em contato com o estado divino. Esse contato, essa conexão, essa compreensão, essa consciência, essa percepção é a percepção do divino e da verdade.

◆ A liberdade da consciência ◆

Para atingirmos esse estado, como mencionei, o primeiro passo essencial é libertar a consciência. A mente deve estar livre de crenças; a poeira das seitas e doutrinas deve ser varrida para fora dali.

Estamos obcecados e cheios do fardo dos pensamentos, das doutrinas e escrituras que pesam sobre nós. Somos esmagados por eles. Há cinco mil anos o ser humano está pensando e esses cinco mil anos de pensamentos pesam na cabeça de uma única pessoa. O peso de todos os pensamentos cultivados ao longo de milhares de anos paira sobre nós. Por causa desse fardo, nossa consciência não consegue ser livre, não consegue elevar-se. Sempre que começamos a pensar, damos voltas em torno desse peso. Encontramos trilhas prontas e ficamos andando dentro delas, dando voltas. Nossa mente segue em círculos como um búfalo que, preso, fica dando voltas e voltas em torno do mesmo poço.

Antes que qualquer pessoa possa adentrar no mundo desconhecido da verdade, é importante que ela deixe para trás todos os caminhos que já lhe são conhecidos. Ela precisa se desfazer de tudo aquilo que já sabe para que o saber possa realmente nascer. Ela precisa retirar de si tudo aquilo em que acredita para que consiga enxergar as coisas como elas são.

Você já deve ter visto um reservatório de água; ele está cheio do líquido que vem de outro lugar. É uma construção de tijolos dispostos em círculo, unidos com cimento, que recebe a água de fora. Por outro lado, você também já deve ter visto um poço d'água. Ali, removem-se pedras e terra até que uma fonte de água brote do chão. A água do reservatório fica choca em alguns dias. É uma água parada. A água do poço, que brota do chão, não estraga. O poço possui uma conexão profunda com a fonte que lhe dá vida, onde existe muita água; tudo está intrinsecamente conectado ao oceano. O reservatório de água não está conectado a nada; a água que vem de fora é que o alimenta. O poço está conectado ao oceano; não é alimentado por uma fonte externa.

Existem também dois tipos de conhecimento. Um é o conhecimento de reservatório; alimentado pelo que vem de fora. Ele apodrece muito rápido. Nenhum cérebro deste mundo é mais podre do que o cérebro de um erudito. Ele é incapaz de pensar direito. Torna-se um aleijado. Tudo que existe dentro dele veio de fora.

Ele apenas repete coisas feito uma máquina. A palestra de um erudito é uma coisa mecânica. Você pode fazer qualquer pergunta; a resposta já está pronta. Antes que você pergunte, ele já tem a solução dentro de si. Ele já sabe a resposta. As respostas foram estocadas dentro dele a partir de fora.

Qualquer dia desses, no Ocidente, e logo, logo na Índia, terão inventado máquinas nas quais você vai inserir a pergunta e elas vão lhe dar a resposta. E, então, não será mais necessário que haja eruditos no mundo, pois as máquinas já terão sido preenchidas de perguntas e respostas. Você pode inserir as perguntas e dizer que quer a resposta para a pergunta número cinco, e a máquina lhe dará a resposta. A máquina lhe dirá a resposta, portanto, não haverá mais necessidade de eruditos no mundo; a máquina será capaz de fazer o trabalho dele de modo mais eficiente. Há ainda mais uma vantagem com relação às máquinas: elas não fazem ninguém brigar com ninguém, não criam nenhum conflito, não fazem um erudito discutir com outro. Máquinas não discutem, apenas entregam a resposta.

O conhecimento que foi recebido de fora é fatal. Ele não liberta o cérebro; ele o condiciona e o fragmenta. Ele quebra a possibilidade do cérebro voar, destrói suas asas.

O outro tipo de conhecimento vem de dentro, tal qual a água do poço. No poço, você precisa retirar as pedras e a terra, e no reservatório você precisa cimentar as pedras e a terra. No primeiro, a água brota sozinha, já no segundo, você precisa colocar água lá dentro. Certamente, o processo de construção de ambos é distinto; são processos opostos.

Você adquire conhecimento a partir de fora, como um reservatório? Se sim, é preciso ter cuidado; você está destruindo sua inteligência com as próprias mãos. Você está prendendo seu cérebro – que é capaz de voar ao encontro do divino – ao chão.

Não acumule conhecimento a partir do lado de fora. Deixe que ele lhe venha de dentro. Para que isso aconteça, você precisa retirar toda a terra e as pedras que acumulou. Retire toda a informação que tem acumulada e seja simples. Se você remover toda essa informação e se tornar uma pessoa simples, vai perceber uma nova energia surgir em você. Algo novo vai começar a se transformar em um ser.

♦ A liberdade da consciência ♦

É fácil se desapegar da riqueza, mas muito difícil se desapegar dos pensamentos. É muito difícil deixar os pensamentos irem embora; com certeza você vai se perguntar como fazer isso. Quando um homem se torna monge, ele abre mão da sua riqueza, renuncia à sua casa, aos amigos, aos parentes, à esposa. Mas não larga os pensamentos que tinha enquanto chefe de família. Continua apegado a eles. Se for jaina, ele diz: "Sou um monge jaina". Se for muçulmano, diz: "Sou um monge muçulmano". Se for cristão, diz: "Sou um monge cristão". Ele continua apegado aos pensamentos de antes e renuncia a todo o resto. A casa à qual ele renunciou está fora de si. Mas os pensamentos de chefe da casa estão dentro e é difícil abrir mão deles.

Aquele que for capaz de abrir mão de tais pensamentos será capaz de conhecer a verdade. Apenas renunciando à casa, ninguém irá conhecer a verdade; as paredes de uma casa não são as barreiras para que se conheça a verdade. Esteja eu sentado em uma casa ou em outra, suas paredes não vão me impedir de conhecer a verdade. A pessoa com quem estou sentado também não é uma barreira. O lugar onde estou também não é uma barreira. Existe apenas uma única barreira que me impede de conhecer a verdade: a parede de pensamentos que tenho dentro de mim; esse é o único obstáculo.

Destruí-la certamente é difícil. Quando digo que você deve se desfazer de seus pensamentos, surge uma pergunta: como fazer isso? Como fazer os pensamentos desaparecerem? Eles estão aqui dentro o tempo todo. Como esquecer tudo o que se aprendeu?

Existe uma maneira de esquecer tudo aquilo que se aprendeu. Uma maneira de dispersar tudo o que está acumulado. Uma maneira de liberar o que está empacotado aqui dentro, e é o mesmo método usado para trazer tudo isso para o interior. O método é sempre o mesmo. Para descer, damos os mesmos passos que demos quando subimos. O método é sempre o mesmo, indo ou voltando, não faz diferença. A diferença está apenas na direção; a diferença está em olharmos para o lado.

Todos os métodos usados para reunir pensamentos podem ser desfeitos se voltarmos nossa cabeça para o lado oposto. Como reunimos pensamentos? A camada mais importante e profunda no acúmulo de pensamentos é o nosso apego. É o sentimento de que aquilo é nosso. Parece que os pensamentos nos pertencem.

Algum pensamento pertence a você? Se eu começar a argumentar, você dirá: "Meus pensamentos estão corretos". Pense um pouquinho, algum pensamento é seu? Ou todos eles vieram de fora?

É inútil dizer que um pensamento é "meu". Mesmo religiosos que dizem "a esposa não é minha, o filho não é meu, a casa não é minha", clamam "essa é a minha religião". Até eles dizem: "Meu pensamento, minha filosofia". Mesmo eles falham em desapegar-se dos pensamentos. O sentimento de "meu" não vai embora. Aqueles que não conseguem se livrar da sensação de apego no nível do pensamento não conseguirão se livrar dela em nenhum outro nível. Não importa quantas vezes eles digam "não é minha mulher", lá no fundo, eles pensam "é minha mulher".

◆

Swami Rama Tirtha voltou dos Estados Unidos. Ele deu cursos por toda a Europa e América sobre a verdadeira essência das coisas e acabou se tornando bastante influente. Milhões de pessoas o ouviram e tinham adoração por ele. Ele voltou à Índia e passou uns dias no Himalaia. Sua esposa foi vê-lo e ele se recusou a recebê-la. Ele disse:

— Não vou recebê-la.

Sardar Puran Singh, que estava morando com ele, ficou muito surpreso:

— Eu nunca vi você se recusar a receber uma mulher. Na Europa e na América, milhares de mulheres vieram e você nunca se recusou a recebê-las. Por que está se recusando a receber essa mulher? Em algum nível, ainda acredita que ela é sua esposa? Você foi embora e a deixou para trás. Agora está se recusando a receber sua própria esposa.

◆

De fato, de algum modo, ele ainda acreditava que ela era sua esposa – outras mulheres o visitaram e ele nunca se recusou a recebê-las.

Enquanto você tiver algum apego aos pensamentos, de nada adianta achar que vai conseguir abandonar alguma coisa. O verdadeiro fardo, e ao qual você se apega, é o próprio pensamento.

♦ A liberdade da consciência ♦

Todo o resto está do lado de fora, não tem nenhum controle sobre você. Apenas o pensamento consegue controlá-lo. É o círculo do pensamento, a carga mental por meio da qual você sente que sabe de alguma coisa. Vale a pena perguntar a si mesmo: "Tem alguma coisa aqui que seja realmente minha?".

♦

Havia, uma vez, um monge famoso. Um jovem pesquisador veio visitar sua comunidade. Ele passou alguns dias ouvindo o que o velho monge tinha a dizer – e o velho monge tinha pouco a dizer. O jovem pesquisador ficou cansado de ouvir sempre as mesmas histórias, de novo e de novo, e pensou: *É melhor eu ir embora dessa comunidade, parece que não há muito o que aprender aqui.*

Foi então que um novo monge chegou à comunidade. Naquela noite, o novo monge fez um longo discurso, que foi maravilhoso, muito sério, sutil e profundo.

O jovem pesquisador ouviu o discurso daquele monge, o visitante, e disse consigo mesmo: *É assim que um mestre deve ser; ele tem tanto conhecimento, é tão sério e profundo. O velho monge, líder desta comunidade em que estou, sabe só algumas coisas, nada mais.* Ele também pensou que o velho monge devia ter ficado triste ao ouvir o novo monge falar daquela maneira. Ele devia ter se sentido insultado. *O velho monge não sabe de nada; ele desperdiçou toda a sua vida.*

Ao terminar de falar, o monge visitante encarou o público com ar orgulhoso pela reação que causara ali. Ele olhou também para o velho monge.

O velho monge disse:

— Eu certamente o ouvi com bastante atenção, mas você não disse nada. Tudo o que você disse foi tirado de outras pessoas. Você não tem nenhuma ideia proveniente da sua própria experiência. É por isso que eu digo que você não falou nada. Outros estavam falando por você, mas você mesmo não falou nada.

♦

Para libertar o pensamento, para liberá-lo e despertar a inteligência, o primeiro passo, a primeira noção necessária é: "Nenhum pensamento é meu. Nenhum pensamento é meu". Chamar de

◆ Três passos para despertar ◆

"meu" um pensamento que não pertença a você é mentir. Nenhum pensamento é "seu". Você deve romper essa identificação com os pensamentos.

Começamos a nos identificar com os pensamentos. Dizemos: "Minha religião é a jaina; a minha é a hindu; a minha é krishna; Cristo é a minha". Passamos a nos identificar com os pensamentos.

Isso é surpreendente, pois nenhum pensamento é seu. Nenhuma religião é sua. Tenha consciência de que "nenhum pensamento é meu" dentro da sua cabeça. Dê uma olhada em seus pensamentos e veja como cada um deles veio de algum lugar. Como pássaros que pousam nas árvores à noite para dormir, também os pensamentos se empoleiram em nossa cabeça. Você é como uma pensão, onde as pessoas vêm e vão.

Eu me lembro de uma história que aconteceu em uma pequena pousada...

◆

Pessoas estavam chegando à pousada para passar a noite. Outro grupo, que já havia terminado o seu trabalho, estava de partida. Um místico, sentado do lado de fora da pousada, estava rindo. Um homem que acabara de chegar perguntou ao místico:

— Por que você está rindo?

Ao que ele respondeu:

— Observar esta pousada lembrou-me de minha mente, por isso estou rindo.

◆

Pensamentos vão e vêm dessa mesma maneira. A mente é apenas uma pousada, nenhum pensamento pertence a ela. A mente é uma pousada na qual pensamentos chegam e vão embora.

Observe sua mente com atenção e perceberá. Os pensamentos que você tinha ontem já não estão mais aí; os pensamentos que você tinha há um ano também não estão aí hoje; tampouco os que você tinha há dez anos; e não há nem sinal dos pensamentos que você tinha há 20 anos. Não importa que você tenha 50, 40, 30, 20 anos, olhe para trás: quantos dos pensamentos que você teve nos últimos 20 anos ainda estão em sua cabeça? Eles vieram e se foram. Você é apenas uma pousada, um lugar para

A liberdade da consciência

que eles descansem. Sem querer, você conta esses pensamentos como se fossem seus. E quando acha que eles são seus é que eles começam a ter controle sobre você. E o muro de pensamentos começa a se erguer.

A primeira coisa a se ter em mente a fim de libertar a consciência é que nenhum pensamento é seu. Se nenhum pensamento lhe pertence, se eles vêm e vão, então quem é você? Quem é você nessa história? Com certeza, não passa de uma testemunha. Não passa de um observador. Você é um espectador.

Nós nos identificamos até assistindo a uma peça de teatro, vendo um filme. O filme está passando e começa uma cena triste, e nós choramos – e isso não é coisa apenas de gente comum.

◆

Em Bengala, havia um grande pensador, Ishwar Chandra Vidyasagar. Ele era tido como uma fonte de sabedoria. Uma pequena peça estava em cartaz em Calcutá e ele foi assisti-la. Na peça, havia um personagem que era abusivo e violento com uma mulher e ele começou a ofendê-la e abusar dela. Vidyasagar, que assistia àquilo, ficou tão revoltado com o ator que arrancou o próprio sapato e o atirou nele – e achavam que ele era uma fonte de sabedoria! Ele acertou um ator com o sapato.

O ator devia ser bem mais sábio que Vidyasagar. Ele pegou o sapato, fez uma reverência e disse:

— Minha atuação foi tão boa que eu consegui enganar até um grande homem como você. — E acrescentou: — Este é o maior prêmio da minha vida. Nunca recebi prêmio maior pela minha atuação do que este. Venci na minha arte.

Depois do ocorrido, Vidyasagar sentiu-se muito envergonhado e disse: "Como eu pude cometer tamanho erro? Esqueci-me completamente de que se tratava de uma peça e me identifiquei com ela".

◆

Nesta vida, mesmo no nível do pensamento, somos apenas espectadores – mas nos identificamos com nossos pensamentos. Somos apenas testemunhas dos pensamentos que vêm e vão na tela de nossa mente.

◆ Três passos para despertar ◆

Lembre-se... À noite, você teve um sonho, pela manhã, você acordou. Você sabe que sonhos vêm e vão, então seguiu a vida. Você foi criança e passou pela infância; tornou-se um jovem; envelheceu. Tente se lembrar: qual é o elemento eterno que existe dentro de você e que sempre esteve presente? O que permaneceu sempre presente?

Salvo o testemunho, nada mais permanece. Todo o resto vem e vai. A infância vem e vai; a juventude vem e vai; a velhice nasce e morre. Nascemos, morremos; ficamos felizes, ficamos tristes; o Sol surge, a sombra aparece; somos respeitados, somos insultados. Tudo isso vem e vai.

Qual é o único elemento em toda a vida que nunca chega nem vai embora? Nossa condição de testemunhas. Não existe mais nada que seja capaz de observar todas essas coisas, capaz de observar que o Sol nasceu e que ele se pôs, que a juventude chegou, que a velhice chegou, observar um pensamento chegar enquanto outro se vai. Exceto sua condição de testemunha, todo o resto que existe dentro de si vem e vai. Nenhum outro elemento permanece. Apenas uma coisa fica, a capacidade de ver, a capacidade de observar, de ser observador, o estado de testemunha.

Ser testemunha no nível do pensamento. Observar o pensamento sem apegar-se a ele. Não se prenda ao pensamento, observe-o. Observe-o como uma testemunha.

Não conseguimos ser testemunhas porque acreditamos que alguns pensamentos são ruins enquanto outros são bons. Queremos nos prender aos bons e afastar os ruins, esse é o motivo pelo qual não conseguimos ser testemunhas. O homem que distingue pensamentos entre bons e maus e quer manter o pensamento que considera bom e remover aquele que for ruim, esse homem que categoriza os pensamentos entre bons e maus não pode ser testemunha.

Um pensamento é apenas um pensamento; ele não é bom nem ruim. É apenas um pensamento. Assim que alguém começa a dizer bom ou ruim, se apega a um e coloca o outro de lado. Além disso, alguém que escolhe um em detrimento do outro deve compreender que o que ele chama de bom ou ruim são dois lados de uma mesma moeda. Se escolher o bom, o ruim também irá

◆ A liberdade da consciência ◆

sobreviver – e alguém que afasta os maus irá afastar também os bons. Eles estão presos um ao outro.

Os pensamentos estão presos uns nos outros. Não creia que um homem que chamamos de bom não tem maus pensamentos. Ele tem maus pensamentos. Não se pode achar um homem bom que não tenha maus pensamentos, e não se pode achar um homem ruim que não tenha pensamentos bons.

Sim, o homem que não tem absolutamente nenhum pensamento existe. Isso é algo completamente diferente, muito diferente. Não é disso que estou falando. Essa pessoa, sem pensamentos, realmente existe. Ela não é boa nem ruim. Está acima dos homens; além do bem e do mal. Eu a chamo de mística. Só ela conhece a verdade.

Aquele que se apega ao que é bom deve ter em mente que o mal ainda existe dentro de si. Você vai ficar surpreso em saber que aquilo que um homem mau faz enquanto caminha, o homem bom faz enquanto dorme, pois um homem bom tem maus pensamentos dentro de si. E você ficará ainda mais surpreso em saber que um homem mau não tem sonhos ruins. Ele tem sonhos bons. Um homem mau sonha em se tornar um santo e um homem bom sonha em se tornar um vilão. Tudo aquilo a que eles se apegam durante suas jornadas e que evitam durante o dia é o que lhes vem à tona quando estão inconscientes. Já estava tudo ali, mas eles não permitiram que aquilo se manifestasse quando estavam acordados. Então, a manifestação ocorre quando estão inconscientes.

Se você olhasse dentro da mente dos homens bons, veria que ali dentro eles estão cometendo os mesmos pecados cometidos por aqueles que estão atrás das grades. Não há muitas diferenças entre eles. Um homem bom também comete os mesmos pecados que um homem ruim. Ele peca em pensamento, o outro peca em ações. Nas suas imaginações, os homens maus continuam a fazer todas as coisas boas que os homens bons fazem. Eles continuam sonhando com esses homens bons. O bom e o mau estão sempre juntos. Não existe um homem bom que não carregue em si um lado ruim. Do mesmo modo, não há um homem mau que não tenha em si um lado bom.

Aquilo que represamos fica no fundo; e o que enfatizamos vem à tona. É como uma moeda; quando a cara está virada para cima, a coroa está virada para baixo. Da mesma forma, bom e ruim são dois lados de um mesmo pensamento.

Alguém que queira ser testemunha e conhecer a verdade tem que entender que os pensamentos são apenas pensamentos. Nada é bom ou mau. Quando alguém decide que uma coisa é boa e outra é ruim, escolhe uma das duas e tenta se desfazer da outra, e não é capaz de permanecer como testemunha. Para ser uma testemunha, você precisa ser imparcial, em um estado no qual não há julgamentos, desejos ou imaginação. Isso significa estar em um estado no qual não se projeta nada, no qual se enxergam os pensamentos exatamente como eles são. Aquele que apenas testemunha os pensamentos, sem julgá-los, sem pensar se são bons ou ruins, sem condená-los, sem exaltá-los ou criticá-los, vai se surpreender; se continuar a observá-los dessa forma, em silêncio, com calma, apenas como testemunha, verá que, aos poucos, seus pensamentos irão desaparecer, eles ficarão vazios. Os pensamentos param de vir às mentes daqueles que se desapegam deles.

Por desapegar, eu me refiro àqueles que param de direcionar aos pensamentos sentimentos de ódio e amor. Ambos são sentimentos de apego. Aquele que amamos vem à nossa porta e aquele que odiamos também. Amigos e inimigos estão à nossa volta. Pode ser que, um dia, não estejamos rodeados de amigos, mas os inimigos sempre estarão à nossa volta. Nossa mente estará continuamente obcecada por eles.

Alguém que acha que dinheiro é ruim, que ficar pensando em dinheiro é ruim, vai acabar se dando conta de que está pensando em dinheiro o tempo todo. Alguém que acha que comida é algo ruim e que, portanto, não deveria comer, vai acabar pensando em comida o tempo inteiro. Alguém que acredita que sexo é pecado, que o desejo sexual é um pecado, e começa a lutar contra isso, acaba obcecado por sexo. Os pensamentos contra os quais você luta aceitam seu convite; tudo aquilo contra o que você luta começa a assaltá-lo. É uma lei da mente que aquilo contra o que você luta seja justamente o que você acaba chamando. O que você tenta afastar começa a aparecer precisamente porque você está querendo evitar.

É por isso que não se deve lutar nem exaltar os pensamentos, não ter apego, tampouco evitá-los. Deve-se simplesmente observá-los.

♦ A liberdade da consciência ♦

É preciso muita coragem, pois um mau pensamento virá e você vai ter vontade de mandá-lo embora, da mesma forma que, quando um bom pensamento surgir, vai querer conservá-lo. Se você se lembrar de meditar sobre essa tendência de apego e desapego, com consciência e estando totalmente presente, verá que, aos poucos, essa oscilação vai desaparecendo e você passa a ser capaz de observar o pensamento. Quem é capaz de observar um pensamento, é capaz de liberar-se dele. Quem é capaz de testemunhar um pensamento, pode também ser livre dele.

Você nunca presta atenção ao fluxo de pensamentos. Nunca se detém para olhar o que está acontecendo aí dentro. Talvez nunca tenha perdido meia horinha só para observar o que está acontecendo aí dentro de você. As coisas acontecem e você apenas continua o que está fazendo; acontecem e você segue trabalhando; acontecem e você continua comendo; acontecem e você continua gerenciando o seu negócio; acontecem e você segue escrevendo; acontecem e você segue falando; acontecem enquanto você ouve e fala. Dentro de você, algo está continuamente acontecendo. E acontece sozinho. Pouco a pouco, você deixou de se importar com o que está em curso aí dentro. Você apenas continua fazendo as suas coisas. Por isso, está praticamente adormecido por dentro. Sua mente está fazendo uma coisa e você está fazendo outra. Você está ausente. Você não está presente para si. Não está desperto.

♦

Uma vez, perguntaram a Mahavira:
— Que tipo de homem é sábio?
E ele respondeu:
— O tipo que está desperto, aquele que está dormindo não é sábio.

Este é um argumento único, irrevogável – aquele que está dormindo.

♦

Todos nós estamos dormindo. Estamos completamente adormecidos com relação ao que se passa dentro de nós. Nosso interior é a manifestação do que realmente somos e estamos completamente às cegas no que diz respeito a ele. Estamos cientes do que se

✦ Três passos para despertar ✦

passa do lado de fora, de tudo o que acontece fora de nós. Estamos despertos para o que acontece fora; e dormindo para o que ocorre aqui dentro. Esse é o tormento e a ignorância da vida; essa é a escravidão da vida e suas amarras.

Precisamos acordar para o que está acontecendo dentro de nós. Aquele que tem ciência de todo o fluxo de pensamentos, que consegue vê-los, compreendê-los e permanecer como testemunha, passa por uma experiência única. Ele começa a perceber que os pensamentos que testemunha sem se apegar param de vir. Todos os pensamentos que ele observa não conseguem mais voltar, até que chega um momento em que não resta mais nenhum pensamento. O que resta é a inteligência.

Chega uma hora em que não há mais nenhum pensamento, mas você continua ali. O que está desperto em você é a sua inteligência livre, liberada. E essa inteligência é que consegue saber a verdade. Uma inteligência que está acorrentada não consegue conhecer a verdade.

O primeiro requisito é a liberdade. Você terá que aguçar essa liberdade. Sem aguçá-la, não há como progredir no que diz respeito a ser livre. Não importa quantas escrituras você já tenha lido, ou quantas doutrinas você conhece ou sabe de cor, você apenas decorou palavras; nada mais vai acontecer. Essas palavras vão ocupar o seu cérebro. Possuir muitas palavras não é sinal de conhecimento. Pessoas loucas estão cheias de palavras, mais até do que você. Palavras não são sinal de sabedoria.

Outra coisa que você precisa saber é que, se sua mente ficar muito cheia de palavras, você vai enlouquecer. Não há muita diferença entre um homem normal e um homem louco. Um homem normal possui menos palavras dentro de si, e um louco possui mais.

Todo mundo está à beira da loucura. Um empurrãozinho e você enlouquece. Se as palavras dentro de você começarem a gritar, você vai ficar louco. Psicólogos dizem que uma em cada três pessoas está a um passo de ficar louca. Uma a cada três! Isso significa que um terço das pessoas presentes aqui hoje está a um passo de enlouquecer. E não pense que é o seu vizinho que está nessa condição, isso já é um sinal de que você está em apuros. O fato de achar que é o seu vizinho quem está louco significa que

◆ A liberdade da consciência ◆

você está em apuros – pois nenhum louco pensa que ele próprio está louco. Ele sempre pensa que louco é o outro. Um dos maiores sinais de que a pessoa está louca é ela sempre achar que louco é o outro. Não dá para convencer um louco de que ele está louco. Se ele consegue entender isso, provavelmente não está louco.

Quase todos nós estamos chegando a esse estágio. Atualmente[1], nos Estados Unidos, um milhão e meio de pessoas visitam psicólogos diariamente para tratar problemas psicológicos. Esses são os números públicos, oficiais. Outro milhão e meio deve consultar médicos particulares, portanto, cerca de três milhões de pessoas visitam psicólogos diariamente. Por que eles buscam ajuda? Porque pensam demais e, pouco a pouco, o acúmulo de pensamentos começa a ficar tão forte que as pessoas acabam perdendo o controle sobre si mesmas. Não sabem o que fazer; os pensamentos se movem com tanta intensidade que elas acabam perdendo o controle das próprias vidas.

Pense sobre isso e considere essa possibilidade também na sua trajetória. O quão potentes são seus pensamentos? Sente-se por dez minutos e ponha no papel quaisquer pensamentos que lhe vierem à cabeça. Não omita nada. Tudo o que vier; se lhe ocorrer um pensamento incompleto, escreva-o incompleto. Por dez minutos, escreva tudo que lhe vier à cabeça, depois mostre a alguém. A pessoa irá lhe perguntar: "Quem foi o louco que escreveu isso?" Na verdade, você mesmo irá compreender quem foi o louco que escreveu tudo aquilo. Se tivesse que trazer à tona todas as coisas que existem dentro de você e observá-las por dez minutos, você mesmo ficaria preocupado pensando que pudesse ser algum tipo de louco, pensando sobre o que está acontecendo, o que está acontecendo aí dentro. Nós nunca paramos para olhar o que está acontecendo dentro de nós – e nos achamos grandes pensadores. Todos os loucos acham isso.

Você sabe bem que aqueles que pensam demais acabam loucos. Nos últimos 50 anos, quase todos os grandes pensadores da Europa ficaram loucos. A maioria passou algum tempo da vida em um manicômio. Parece que um pensador que não acaba louco é porque não deve ser tão bom assim. E isso está correto. O resulta-

---

1. N. E.: As palestras contidas neste livro foram apresentadas em 1965.

do final de se pensar é a loucura. É por isso que não chamo Buda e Mahavira de pensadores. Eles não são pensadores. Eles são seres esclarecidos. Existe uma distância gigantesca entre um pensador e um ser esclarecido. Eles sabem, eles não pensam. Só quem não sabe é que fica obcecado por pensamentos.

Neste momento, estou aqui sentado e, quando a palestra terminar, todos nós vamos nos levantar e sair pela porta. Nenhum de nós vai pensar onde está a porta, pois todos podemos vê-la. Se houvesse um cego aqui, assim que a palestra terminasse, ele iria começar a pensar para onde deveria ir para sair. Ele pensaria: *Onde está a porta? Onde está a parede?*. Quem consegue ver, não pensa. Só quem não consegue ver é que pensa. Pensar é sinal de ignorância; não é sinal de sabedoria. Saiba que, quanto mais você pensa, mais ignorante você é. Quando você passa a ter conhecimento, o pensamento desaparece e o vazio se instala em seu ser.

Eu lhes disse para observar os pensamentos e reduzi-los a nada, até ficarem vazios. Eles vão desaparecer quando você tiver consciência. Pensamentos desaparecem por meio do testemunho; e, quando eles desaparecem, sua inteligência fica livre. Quando uma inteligência livre encara a verdade, ela não se importa com escrituras ou doutrinas. Uma inteligência livre se solta da margem e mergulha no mar sem fim.

Uma historinha e, então, eu finalizo por hoje.

♦

Numa noite, um grupo de amigos saiu para se divertir. Era uma linda noite de lua cheia e eles haviam bebido bastante. Como a noite estava bonita, decidiram ir até o lago e dar um passeio de barco. Sentaram-se no barco, pegaram os remos e começaram a remar. Continuaram remando até as últimas horas da noite. Ao amanhecer, quando uma brisa fria começou a soprar em seus rostos e a lua já havia quase desaparecido no horizonte, eles estavam um pouco mais sóbrios. Dois deles, que estavam mais sóbrios, disseram:

— Pessoal, nós devemos estar muito longe. Remamos a noite inteira; precisamos voltar. Até chegarmos em casa já vai ser meio-dia. A gente deve estar muito longe da margem.

◆ A liberdade da consciência ◆

Eles pensaram: *Vamos ver o quão longe estamos.*

E ficaram pasmos com o que viram. Eles não haviam ido a lugar nenhum; o barco estava exatamente no mesmo lugar. Haviam se esquecido de soltar as correntes e, por isso, o barco não havia saído do lugar. As correntes ainda estavam presas ao barco. Todos ficaram muito surpresos; tinham remado tanto e não chegaram a lugar nenhum. Eles disseram:

— Todo esse esforço, remando a noite toda, pensando que já estávamos longe, para nada, não fomos a lugar nenhum. Estamos no mesmo lugar.

◆

Alguém que quer libertar seu pensamento e inteligência deve, inevitavelmente, soltar-se das correntes que o prendem à margem das crenças. Quem está preso à margem de alguma crença não consegue seguir viagem pelo mundo da verdade. Não chega a lugar nenhum. Ao fim da vida, vai perceber que continua parado na linha de partida; está parado no mesmo ponto em que estava quando recebeu as crenças de seus pais. A jornada foi em vão; remar foi em vão. O esforço não deu em nada. No momento da morte, ele ainda está atado aos mesmos pensamentos e crenças que seus pais e a sociedade lhe deram. A vida desse homem foi em vão. Desperdiçou sua jornada. Ele se esqueceu de soltar-se das correntes do cais.

Solte-se das correntes do cais. Retire as correntes de tudo o que a sociedade ou alguém lhe deu. Liberte sua inteligência. Só uma inteligência livre permite que você voe e alcance o divino; crenças e pensamentos inibidores são obstáculos no caminho ao divino. Todos estamos atados a correntes. O mundo inteiro está atado a correntes. Não conseguimos experimentar o divino porque estamos presos a correntes. Tenha coragem de soltar-se delas e ver aonde seu barco vai.

Termino hoje citando uma frase de Ramakrishna. Ele disse: "Solte seu barco, solte as velas de seu barco; os ventos da existência estão sempre prontos para levá-lo ao infinito e além".

Benditos aqueles que soltam suas velas e seus barcos. Infelizes são aqueles que mantêm seus barcos atados a algo e fazem algum esforço apenas para se desapontarem no fim.

Em conclusão, rezo para que a existência lhe dê força e coragem para desatar seu barco da margem das crenças, a fim de que ele possa navegar no infinito mar do conhecimento. A existência está com aqueles que têm coragem. O que ela pode fazer com quem é fraco e nunca parte em sua jornada?

Basta por hoje. Por favor, aceitem meu muito obrigado. Sou muito grato por terem me escutado com tanto amor. Meus cumprimentos ao divino que existe dentro de vocês.

2

A simplicidade da mente

Ontem à noite eu lhes disse algumas coisas sobre liberdade. Disse que a primeira condição para aquele que busca a verdade é deixar que sua consciência seja livre: não pode haver nenhuma escravidão mental, sua mente não está atada a nenhuma linha de pensamento predeterminada; não está carregada ou restrita, nem limitada a algo. Certamente, um homem que não é livre não conseguirá alcançar a verdade. A escravidão mental tem raízes muito profundas. Não estou falando dessa escravidão política, social e econômica; falo da escravidão psicológica. Uma pessoa que é escrava psicologicamente não consegue alcançar mais nada, e não é capaz de vivenciar a alegria, a bênção e a luz da vida. Foi sobre isso que falei ontem.

Portanto, o primeiro pré-requisito essencial é a liberdade da consciência. Hoje, vou falar sobre outro pré-requisito: a simplicidade da mente. O primeiro pré-requisito é a liberdade da consciência, o segundo é a simplicidade da mente.

Se nossas mentes forem complicadas, se elas estiverem emaranhadas em conflitos, não poderemos conhecer a verdade. Nossas mentes não são simples de jeito nenhum; elas são bastante complicadas, caóticas, confusas, cheias de conflitos e paradoxos. E são essas mentes complicadas que nos atrapalham.

Como alguém que é todo complicado por dentro – cheio de pensamentos e conflitos – consegue abrir os olhos para outra realidade? Como alguém que está sempre ocupado consigo e cheio de conflitos internos consegue orientar-se no caminho que leva à verdade? Como alguém que luta consigo mesmo e que está fragmentado por dentro consegue conhecer algo indivisível?

Todos nós estamos fragmentados. Estamos divididos em muitos fragmentos internos, e esses fragmentos estão lutando uns contra os outros.

Aconteceu uma vez...

◆

Cristo chegou a um vilarejo e um jovem foi conhecê-lo. Cristo lhe perguntou:

— Qual é o seu nome? Antes de lhe falar sobre qualquer coisa, gostaria de saber seu nome.

O jovem respondeu:

— Meu nome é Legião. Tenho milhares de nomes, qual deles devo lhe dizer?

Cristo disse:

— Pelo menos você me disse a verdade sobre si mesmo. Outros mencionam um nome, mas, por dentro, têm milhares de personalidades.

◆

Cada um abriga várias pessoas dentro de si – somos uma multidão. Não existe um indivíduo dentro de você. Você não é um indivíduo; existe uma multidão aí dentro. Geralmente, achamos que temos apenas uma mente. Mahavira acredita que somos polipsicológicos. Temos muitas mentes dentro de nós ao mesmo tempo.

Se você pensar sobre isso, vai chegar à conclusão de que possuímos muitas mentes. Quando está com raiva, tem a mesma mente de quando se arrepende depois? A mente que se arrepende é totalmente diferente. A mente que dá vazão à raiva é uma mente diferente. Você continua arrependido e continua também com raiva. A voz da mente arrependida não chega à mente que está com raiva. Do contrário, a raiva já teria passado.

Você comete o mesmo erro mil vezes. Depois de errar, se arrepende, fica triste e jura que nunca mais vai ficar com raiva. Se você fosse um indivíduo com apenas uma mente dentro de si, essa decisão seria o bastante. Mas possuímos muitas mentes aqui dentro. A mente que decide é diferente daquela que age. Suas decisões não passam de decisões, e a vida segue como era antes. Antes de

◆ A simplicidade da mente ◆

dormir, você decide que vai acordar às quatro da manhã no dia seguinte. Convence sua mente a se levantar às quatro da manhã. Mas, às quatro, alguém aí dentro lhe diz para continuar na cama – "Para que isso? Está frio" – e você volta a dormir. Pela manhã, ao se levantar, se arrepende e pensa: *Como isso foi acontecer? Eu já tinha decidido que acordaria às quatro e não acordei. Amanhã, definitivamente, vou acordar.* No dia seguinte, mais uma vez, alguém aí dentro lhe diz: "Para que levantar tão cedo? Está muito frio, volte a dormir". Essa é a mesma mente que tomou a decisão. Ou é outra mente?

Sua mente possui muitas partes. Ela é fragmentada; tem muitos fragmentos. Por causa desses fragmentos, surgem complicações dentro de você. Alguém cuja mente não está integrada está fadado a ser complicado. Além disso, essas complicações se multiplicam, pois essas mentes serão contrárias umas às outras.

Pense um pouco. Você construiu todo esse conflito com as próprias mãos. A educação e o condicionamento fragmentaram sua mente. Sua indivisibilidade foi destruída. Ela não é mais inteira. Você diz que é uma só pessoa porque tem um só nome, um rótulo; todo mundo sabe que você é uma pessoa só. Olhe para dentro de si e encontrará muitas outras pessoas ali. Você vai ouvir muitas vozes dentro de si, vozes que são diferentes de você, vozes que são contrárias a você. Você já pensou sobre isso?

Muitas vezes, alguém vai dizer: "Eu fiz isso sem querer". Sem querer! Um homem mata o outro num momento de raiva e, depois, diz: "Eu o matei sem querer". Que tipo de fala é essa? Como alguém pode matar sem querer se o oposto não estiver dentro de si?

Você já deve ter sentido isso muitas vezes: "Quando estava com raiva, fiquei fora de mim". Ou então: "Estava com tanto tesão que fiquei fora de mim; não sei o que aconteceu comigo". Quando está com raiva, você é a mesma pessoa de quando está calmo? Quando ama, você é o mesmo de quando odeia? Não, não é. Seu rosto muda, alguma coisa muda dentro de você. Você possui múltiplas mentes, com muitos fragmentos dentro de si. Um fragmento toma conta de você e o leva a fazer algo. Depois aquilo vai embora, assim como uma roda girando – enquanto uma parte está em cima, outra está embaixo, e elas se revezam, mudam de posição –, sua mente também muda. Uma mente emerge enquanto outra está submersa, é isso que traz a complexidade.

◆ Três passos para despertar ◆

Só alguém que possui uma mente única é capaz de ser simples. Alguém que possui muitas mentes está fadado a ser complexo. E cada uma dessas mentes não tem consciência da existência das outras. A própria pessoa sabe disso, pois suas decisões ficam incompletas. A mente que decidiu não está mais presente quando a decisão precisa ser implementada.

Você já deve ter decidido muitas vezes falar a verdade e, quando chegou a hora, se viu contando uma mentira. Já deve ter decidido amar o próximo e, quando chegou a hora, se viu repleto de ódio. Já deve ter decidido que todos seriam seus amigos, mas percebeu que está cheio de inimigos. Se é você quem decide – você toma a decisão –, de onde vem o lado oposto? O lado oposto existe dentro de você. Dentro de si, tanto existe aquele que você respeita como aquele por quem você sente desrespeito. Você carrega o oposto dentro de si ao mesmo tempo.

Você sempre vê pessoas que se amam brigando uma com a outra. Elas se amam, mas também brigam; também se odeiam. Você vê isso acontecer entre amigos e entre estudantes. Tudo o que uma parte da mente faz, outra parte se opõe. É por isso que o amor vira ódio depois de um tempo.

◆

Eu estava falando sobre isso em Nova Deli outro dia. Alguém disse que as pessoas que amamos, nós amamos; não temos ódio por elas. Ele disse:

— Como você pode dizer uma coisa dessas?

E eu respondi:

— Suponha que você ama sua esposa e, amanhã, você descubra que ela ama outra pessoa. O que vai acontecer? Naquele exato momento, seu amor vai se transformar em ódio. O amor pode se transformar em ódio? É possível. Na verdade, esse ódio está escondido dentro de você. O amor está na superfície e o ódio está por baixo. Quando a razão desse amor vai embora, o amor também vai e o ódio vem à tona.

◆

Havia uma mulher mística cujo nome era Rabiya. Ela era uma mística singular. Leu o seguinte mandamento no Alcorão:

◆ A simplicidade da mente ◆

"Odeie o demônio", e o riscou. Naquele tempo, o místico Hassan estava viajando e ficou hospedado em sua casa. Pela manhã, ele quis ler o Alcorão e viu a linha que ela havia rasurado.

Rasurar uma escritura sagrada? Alterar um mandamento sagrado? Ele perguntou:

— Quem foi o idiota que alterou o Alcorão sagrado?

E ela respondeu:

— Eu tive que alterar.

— Por quê? Por que você fez isso? Você profanou a escritura.

E ela retorquiu:

— Eu tive um grande problema. A escritura dizia "Odeie o demônio". Eu vasculhei em todos os cantos dentro de mim e não encontrei nenhum ódio. Se o demônio aparecesse na minha frente, como eu poderia odiá-lo? Afinal, para odiar alguém, você precisa ter ódio dentro de si. Do contrário, de onde viria esse ódio? Se você colocar seu balde em um poço que está seco, de onde virá a água? Ela só virá se estiver lá dentro. Eu não tenho mais ódio dentro de mim, tenho apenas amor. Seja por Deus ou pelo Diabo; se ambos aparecessem na minha frente, eu estaria de mãos atadas. Só consigo amar. Eu daria o mesmo amor a ambos. Eu não tenho ódio dentro de mim. Eu procurei muito; não encontrei nem um pingo de ódio.

◆

Se você procurar dentro do seu amor, vai encontrar ódio. Ele estará ali atrás do amor; como se fosse uma sombra do amor. Você também tem na sua mente um sentimento de ódio por alguém que é seu amigo. Você também tem um sentimento de desrespeito por alguém a quem respeita. A tendência em criticar também existe por trás da admiração que você sente por alguém. Se essas tendências opostas estão sempre presentes, como sua mente pode ser simples? E como uma mente que não é simples pode conhecer a verdade?

Simplicidade é fundamental. A simplicidade é a condição mais importante para se alcançar o divino. É preciso compreender nossas mentes, que são complexas. É necessário compreender as partes opostas da nossa mente, sua complexidade, por que elas se fragmentaram e por que estão divididas em várias partes.

◆ Três passos para despertar ◆

A menos que nos tornemos indivisíveis, nenhuma das nossas orações, nenhuma meditação, nenhuma ioga, nenhuma das nossas adorações irá valer alguma coisa; vai ser tudo inútil. Podemos frequentar qualquer templo, qualquer mesquita e nos curvar perante qualquer deus; será inútil. Sem que nos tornemos indivisíveis, não faz sentido. Enquanto nos curvamos perante alguma imagem em um templo, por dentro carregamos desconfiança junto com confiança; desrespeito junto com respeito; dúvida junto com fé.

◆

Eu costumava visitar minha vila. Lá, vivia um velho professor meu; eu o visitava sempre. Da última vez, passei quase uma semana na vila e fui à sua casa todos os dias. Eu chegava lá de manhãzinha. Um dia, ele me mandou uma mensagem para não ir. Perguntei ao filho dele por que ele havia enviado aquela mensagem. O filho respondeu:

— Meu pai também me pediu para lhe entregar esta carta.

Na carta, ele havia escrito: "Fico muito feliz quando você vem me ver. Minha felicidade é infinita quando você vem à minha casa. Mas não quero que você volte porque ontem, quando me sentei para rezar, lembrei-me do que você me disse. E comecei a me questionar se o que eu estava fazendo era tolice. Toda essa oração não é pueril demais? A imagem de pedra ali na minha frente não seria apenas um pedaço de pedra? Eu rezo há 30 ou 40 anos e agora comecei a ficar cheio de dúvidas na cabeça. Fiquei com medo. Portanto, peço-lhe encarecidamente que não volte mais aqui".

Escrevi-lhe de volta dizendo que, eu indo ou não a sua casa, aconteceu aquilo que tinha que acontecer. Humildemente, gostaria de lhe dizer que não fui eu quem criou todas aquelas dúvidas na sua cabeça. Ele passou os últimos 40 anos rezando, mas as dúvidas sempre estiveram ali, atrás de tudo aquilo.

◆

A dúvida sempre foi eliminada pela fé? A fé é algo imposto a partir de fora; a dúvida está do lado de dentro. O amor sempre destruiu o ódio? O amor está estampado em seu rosto, o ódio está

◆ A simplicidade da mente ◆

escondido dentro de si. O sentimento de desrespeito vai embora quando se demonstra respeito? O amor é imposto por fora, o desrespeito permanece aí dentro. Assim, você vai se tornando cada vez mais complexo.

Por essa razão, insisto que se deve abrir mão de qualquer fé que esconda dúvidas atrás de si. Quando a dúvida desaparece, o que sobra é a confiança. Um amor atrás do qual existe ódio é inútil. Quando o ódio se vai, sobra o amor. Uma amizade que tenha alguma tendência à inimizade é inútil. No dia em que a inimizade desaparecer, teremos a amizade. Da mesma forma, uma felicidade que fica escondida atrás da tristeza não tem nenhum valor. A felicidade só existe quando a tristeza vai embora.

Estamos repletos de opostos. A mente de alguém cheio de opostos é complicada. Ela estará sempre bipartida e em conflito.

É importante compreender que uma mente constantemente em conflito, vai perder sua capacidade de conhecimento. Se uma pessoa está em um conflito constante, sua mente, sua consciência, se torna opaca e obscura. Alguém que luta constantemente acaba se tornando insensível por conta desse conflito infinito. Sua sensibilidade vai se esvaindo. Alguém em conflito constante vai, pouco a pouco, endurecendo. Seu intelecto fica paralisado; cada vez mais fraco.

É por isso que o cérebro das pessoas mais velhas, em vez de ficar mais afiado, vai se tornando cada vez mais fraco do que o das crianças. O corpo pode envelhecer, mas não há motivos para que a mente também envelheça, a não ser que esteja em conflito. Se a mente não estiver em conflito, se não for complexa, se não estiver dividida e fragmentada, cheia de contradições, não há por que envelhecer. A mente envelhece por causa do conflito constante, da luta constante, por estar sempre cheia de contradições. É natural que as habilidades e a sensibilidade de alguém em conflito constante se degenerem.

Nossa mente também envelhece, embora não precise ser assim. Todo esse conflito, essa luta, essa fragmentação é nossa culpa. Somos nós que a dividimos em pedaços. Ignorantes, partimo--nos em pedaços. Precisamos entender como fazemos isso; só assim vamos compreender o que é a simplicidade e como ela pode surgir em nossa mente.

◆ Três passos para despertar ◆

Antes de me aprofundar nesse assunto, gostaria de acrescentar que, quando falamos que fulano de tal é uma pessoa simples, ou quando dizem que devemos ser pessoas simples, não é a esse tipo de simplicidade que me refiro. Geralmente nos dizem para sermos pessoas simples. Não estou falando desse tipo de simplicidade. Por trás dessa simplicidade há sempre uma complexidade escondida. Um homem pode fingir simplicidade. Ele pode dar um show de simplicidade em vários aspectos. Pode pôr de lado as roupas de grife e passar a usar apenas roupas de tecidos grosseiros. Diremos que é alguém muito simples. Pode ser mais ousado e passar a usar apenas um pano amarrado à cintura. Diremos que é alguém muito simples. E ele pode ousar ainda mais e passar a andar pelado. Faremos comentários sobre o quão simples ele é. Mas isso não é simplicidade. Em vez de comer duas vezes por dia, um homem pode comer apenas uma vez. Que pessoa simples, ela come apenas uma vez por dia. Se um homem não come carne, se ele é vegetariano, será tido como alguém muito simples; ou, se ele não fuma, não bebe, não joga, que pessoa simples ele é.

Ninguém se torna simples assim tão facilmente. Essas não são as premissas da simplicidade. Pelo contrário, tais pessoas são muito complicadas. São pessoas que demonstram simplicidade do lado de fora, mas sua complexidade interior não foi destruída, ela ainda está ali.

◆

Uma vez, eu estava viajando de trem e havia um monge no mesmo vagão. Éramos os únicos passageiros daquele vagão. Várias pessoas haviam se amontoado na estação para vê-lo e dar-lhe adeus. Certamente, ele tinha muitos seguidores. Vestia um pano em formato de saco amarrado com uma corda. Apenas um pedaço de pano amarrado com um pedaço de corda. Sua bagagem era uma pequena cesta de bambu na qual havia mais dois ou três pedaços de pano e dois ou três pedaços de corda. Essa era sua única bagagem.

Depois que seus amigos foram embora, ele apanhou a cesta e começou a contar os pedaços de pano que trazia nela. Além dele, só eu estava naquele vagão. Fiquei observando-o em silêncio. Ele contou as peças e percebeu que era exatamente a mesma

◆ A simplicidade da mente ◆

quantidade de antes. Então, colocou-as de volta na cesta. À noite, caiu no sono. Ele me perguntou qual era a previsão de chegada do trem à estação na qual ele tinha que descer. Respondi que o trem chegaria por volta das seis da manhã, que podia dormir despreocupadamente, pois nosso vagão seria desengatado do trem naquela estação. Não havia motivos para se preocupar. Ele podia dormir pesadamente.

No entanto, notei que ele levantou à meia-noite e perguntou a mesma coisa para outra pessoa, quando o trem chegaria a sua estação. O trem parou em algumas estações e ele perguntou a algumas pessoas se sua estação já havia passado. Eu falei:

— Olha, você não vai perder o ponto. Nosso vagão será desengatado na sua estação. Então não precisa se preocupar; volte a dormir. Por que você está aflito?

Por fora, ele vestia apenas um pedaço de pano, mas por dentro ele estava cheio de ansiedade e preocupação inúteis.

Pela manhã, ao acordar, vi-o ajeitar sua roupa com um nó mais apertado. Aquilo ainda não parecia bom para ele. Então tirou a roupa e a amarrou de outra forma. Tentou ainda uma terceira vez. Ainda assim, não pareceu satisfeito. Ele se levantou e foi para a frente do espelho para ver se havia amarrado sua roupa do jeito certo.

◆

Como posso chamar isso de simplicidade? Isso é complexidade. Aquele homem era ainda mais complicado do que alguém que usa roupas de grife. A fachada de simplicidade não significa nada. Não é simplicidade de jeito nenhum. Simplicidade é algo totalmente diferente.

É como alguém que enfeita a casa com flores de papel. Existe uma grande diferença entre flores de papel e flores naturais. A simplicidade não pode ser cultivada; ela não pode ser imposta pelo lado de fora. Se, por dentro, a mente for indivisível, ela passará a vigorar de maneira orgânica. Então não importa o que o homem veste, o que ele come, como se senta ou como caminha. Tudo passa a ser natural. Se a mente estiver integrada, a simplicidade adentra sozinha na camada mais externa da vida. Se a mente estiver fragmentada, não importa quantas vezes alguém se

◆ Três passos para despertar ◆

imponha a simplicidade exterior, não vai ser simplicidade. Será algo cultivado e sem valor. Algo que foi cultivado a partir de fora. A simplicidade cultivada pelo lado de fora pode ter algum valor? Uma vez que ela falha em ser espontânea?

Kabir disse: "A iluminação espontânea é certeira. O que nasce e cresce naturalmente é o melhor. O que é antinatural, imposto e praticado é inútil".

◆

Uma vez, eu estava visitando uma vila em que tinha um amigo que era monge. Ele estava se preparando para ser um monge nu. Ao me aproximar da cabana em que ele morava, notei que ele caminhava nu ali. Eu podia vê-lo através da janela. Quando bati à porta e ele a abriu, havia um pedaço de pano amarrado em torno de si. Eu disse:

— Quando eu o vi através da janela, você estava andando nu aqui dentro. Por que está vestido agora?

E ele respondeu:

— Eu estava treinando para ficar nu. Mais cedo ou mais tarde, vou ter que ser um monge nu, então estava praticando. Primeiro, vou praticar ficar nu sozinho. Depois, vou treinar entre amigos. Então, vou sair aqui por perto, depois por toda a vila e, finalmente, pela região. Assim, pouco a pouco, vou me acostumando com isso.

Eu rebati:

— Você deveria entrar para o circo. Não há necessidade de ser monge. O circo é o seu lugar.

◆

É por isso que digo a vocês que a nudez cultivada por meio da prática não é o tipo de nudez que deve ter acontecido a Mahavira. A nudez dele não veio da prática; veio da inocência. Sua nudez não foi ensaiada. Sua consciência ficou tão simples e inocente que as roupas se tornaram desnecessárias e foram abandonadas. Não houve renúncia às roupas, elas apenas sucumbiram. A nudez que acontece dessa forma é muito significativa. Já a nudez que ocorre por meio da renúncia às roupas e que é ensaiada pode ser feita por qualquer pessoa em um circo. Não há dificuldade nenhuma nisso, mas não é essa a questão.

◆ A simplicidade da mente ◆

Por exemplo, é compreensível que um homem fique tão tomado pela lembrança do divino que se esqueça de comer; o dia passa e o jejum acontece naturalmente. O que não entendo é por que um homem passa o dia todo faminto se esforçando e praticando o jejum. Jejuar significa estar próximo do divino, chegar perto dele, criar intimidade com ele. É compreensível que uma consciência que esteja realmente íntima da existência se esqueça de comer e o jejum ocorra espontaneamente. Mas, se for um jejum praticado, ele é totalmente inútil; não tem nenhum valor.

Tudo que é praticado é inútil. Só aquilo que acontece naturalmente é relevante. O que é ensaiado não tem sentido. Tudo o que é significativo na vida apenas acontece; não é ensaiado.

Se eu ensaiar meu amor por você, esse amor vai ser verdadeiro? Como pode um amor ensaiado ser verdadeiro? Um amor assim é pura cena, é hipocrisia. Um amor que surge, que começa a desabrochar dentro de mim, que destranca os portões e faz uma corrente de amor começar a fluir dentro de mim, esse amor é compreensível. Se eu me esforçar, se trabalhar duro para amar você, que valor terá o meu amor? Da mesma forma, a simplicidade que foi praticada não tem nenhum valor.

Podemos ver várias pessoas ao nosso redor praticando a simplicidade. Os monges praticam a simplicidade; eles se esforçam muito nisso. Possuem regras e ordens para cada coisinha – quando acordar, quando dormir, o que comer, o que vestir. Um monge precisa manter o controle de tudo. Há muito planejamento envolvido. Seria melhor que ele tivesse virado engenheiro; ou gerente de alguma companhia; ou talvez que estivesse operando máquinas em algum lugar – seu cérebro certamente provaria ser muito competente em lidar com máquinas –, mas ele é um monge.

A vida de um monge de verdade é espontânea. A vida de um monge de verdade não é ensaiada, é espontânea. Tudo o que acontece com ele, acontece de forma inesperada.

◆

No Japão, havia um imperador. Ele disse a seus ministros que gostaria de conhecer um monge. Seu primeiro-ministro disse:

— Um monge? Você encontra um monge em cada esquina deste país. Você pode conhecer um em qualquer lugar.

◆ Três passos para despertar ◆

Existem muitos monges no Japão – em países budistas, há um grande número de monges. A população do Camboja é de aproximadamente seis milhões de pessoas, das quais 600 mil são monges. No Japão é a mesma coisa, existem muitos monges lá. No Sri Lanka também.

Os ministros disseram ao imperador:

— O que não falta aqui são monges e religiosos. Se quiser, você consegue reunir uma multidão de monges.

O imperador respondeu:

— Não, eu quero ficar cara a cara com um monge.

Eles questionaram:

— O que você quer dizer com ficar cara a cara com um monge? Ande por qualquer rua e vai encontrar muitos monges.

E o imperador respondeu:

— Se esses fossem monges, eu não estaria pedindo a vocês um encontro com um. Para mim, todos eles parecem atores. Alguém se torna monge apenas por vestir um tipo específico de roupa, raspar a cabeça e carregar um certo tipo de bolsa sobre os ombros? Todos eles me parecem muito imaturos. Alguém inteligente e sensato seria capaz de fazer coisas desse tipo?

◆

Certa vez, um *sannyasin* foi até Gandhi e lhe disse que queria servir o povo de alguma forma. Gandhi o olhou dos pés à cabeça e respondeu:

— Antes de fazer qualquer serviço social, você terá que abrir mão da sua túnica.

E o *sannyasin*:

— Por quê? Como minha túnica pode ser um obstáculo?

— Só o fato de você a estar vestindo significa que você deseja que os outros pensem que você é um *sannyasin* — disse Gandhi. — Do contrário, não há nenhum motivo para vestir esse tipo de roupa. Você é um *sannyasin* e vai continuar sendo independentemente da roupa que usar. Mas as pessoas não saberão que você é um *sannyasin* se usar outras roupas, apenas se usar estas. Você quer que as pessoas saibam que você é um *sannyasin,* e alguém que quer ser reconhecido como um *sannyasin* não é um verdadeiro *sannyasin*. O que *sannyas* tem a ver com aquilo que os outros pensam?

◆ A simplicidade da mente ◆

◆

O imperador disse:

— Quero conhecer um monge.

Os ministros procuraram descobrir se tal monge realmente existia. Depois de muita dificuldade, eles verificaram que sim, esse homem realmente existia e vivia em uma cabana nas proximidades da vila. Algumas pessoas diziam que ele era monge.

O imperador foi até lá. Era bem cedinho. Pensou que o monge se levantasse muito cedo, então chegou bem cedo. Era por volta de sete ou sete e meia da manhã. O Sol já havia raiado, mas o monge ainda dormia profundamente. Havia uma estátua de Buda sobre a qual o monge apoiava os pés. Ele estava completamente adormecido.

O imperador perguntou:

— Que tipo de monge é esse? Ele põe os pés na estátua de Buda e dorme até tarde!

As pessoas que o haviam levado até ali disseram:

— Você não deveria tirar conclusões tão precipitadas. Não é fácil reconhecer um monge.

É porque somos tão precipitados em julgar que existem tantos pseudomonges que aparentam ser monges. Qualquer um pode se levantar às quatro da manhã; é realmente algo assim tão difícil de se fazer? Qualquer um pode sentar-se em frente a uma estátua de Buda com as mãos em oração; isso é algo difícil?

— Não tire conclusões precipitadas. Este homem é especial. Um homem que descansa os pés sobre a estátua de Buda não é um homem qualquer. Só um monge de verdade pode descansar os pés em Buda, ninguém mais. Espere mais um pouco, não se apresse em tirar conclusões.

O monge acordou por volta das oito horas. Assim que ele abriu os olhos, o imperador lhe perguntou:

— Por que você está acordando tão tarde? Um monge deveria acordar cedo.

O monge respondeu:

— Sim, sempre me levanto na hora mais auspiciosa da manhã. Para mim, a hora em que me levantar será sempre a mais auspiciosa do dia. Quando a existência me acorda, eu me

◆ Três passos para despertar ◆

levanto; quando a existência me põe para dormir, eu durmo. De meu lado, eu não decido nem quando me levantar, nem quando ir dormir. Eu me coloquei inteiro nas mãos da existência no dia em que me tornei um monge. Naquele dia, deixei-me todo nas mãos da existência; agora o que acontece, acontece. Quando me sento sob o Sol e fica muito quente, a existência me diz: "Vá para a sombra", e eu vou para a sombra. Quando a sombra fica fria e a existência diz: "Vá para o Sol", eu vou para o Sol. Eu me deixo nas mãos da existência. Agora eu apenas respiro, não sou mais eu mesmo. No fim, quando o sono acaba e meus olhos se abrem, eu me levanto; quando tenho fome, peço comida.

O imperador disse:

— Estou surpreso. Você não tem nenhuma regra ou mandamentos? Pois aqueles que vivem nas mãos da existência não têm regras ou mandamentos.

◆

Todas as regras e formas de conduta são originárias do ego. Todo o sistema de regras e métodos vêm do ego. As pessoas querem impor algo à vida e as regras surgem a partir disso. Aquele que deseja impor algo à vida, que espera algo especial dela, que quer que ela seja assim e não assado, que condena algo e aceita o seu oposto, esse alguém não pode ser simples. A simplicidade é a primeira condição essencial de um monge de verdade. A condição fundamental para que se alcance a verdade é a simplicidade.

O monge disse que o homem que for como a umidade do ar, que vai na direção que os ventos soprarem, que for como uma folha seca a flutuar no ar, que cai onde o vento a fizer cair e se levanta onde ele a fizer voar... Apenas um homem que seja como uma folha seca será capaz de ser simples, todos os outros estão fadados à complexidade. Um homem que seja feito um galho flutuando ao sabor das ondas do mar, que navegue por onde essas ondas o levarem e estanque onde os ventos o pousarem, que não tenha ideias fixas sobre o que deve ser feito e o que não fazer, que não projete nada sobre a vida – apenas esse homem pode ser simples.

Como alguém com regras e regulamentações para as 24 horas do dia pode ser simples? Como alguém que tenta moldar a si

◆ A simplicidade da mente ◆

mesmo com relação ao tempo pode ser simples? Uma pessoa que se esforça para cultivar a si mesmo não pode ser simples. Um homem que tenta alcançar o divino e se esforça para ser monge, um homem que se obriga a ser honrado, que está sempre ocupado em praticar a não violência, em ser prestativo, em não ter raiva – como alguém que faz tanto esforço pode ser simples? Alguém assim não pode ser simples. Um homem que se sacrifica por um ideal não pode ser simples – e todo mundo se rende a um ideal ou outro.

Mahavira viveu há 2.500 anos, Cristo viveu há 2.000 anos, Buda viveu há 2.500 anos, e Rama viveu muito, muito antes de todos eles. Krishna também viveu há muitos anos. Ainda assim, nós nos apegamos aos seus ideais. Os seguidores de Buda tentam ser como Buda há 2.500 anos. Houve outro Buda? Ninguém conseguiu imitar Buda nos últimos 2.500 anos. Houve outro Mahavira? Nos últimos 2.500 anos, ninguém conseguiu, nenhum. Alguém mais conseguiu ser como Cristo? Dois mil anos de experiência dizem que não. Mesmo assim, milhões de pessoas estão tentando ser como Cristo, milhões tentam ser como Buda e milhões tentam ser como Mahavira. Deve haver alguma coisa errada nesse jeito de ser.

Alguém que tenta ser como outra pessoa torna-se complexo. Naturalmente, tem que se tornar complexo. Começa a negligenciar aquilo que realmente é para passar a ser como o outro. Passa a negar a própria realidade e vive os ideais da outra pessoa, torna-se alguém complicado, alguém complexo. Sua mente está fragmentada; ele está dividido por dentro. O conflito o toma por dentro. O problema é que, para se tornar Mahavira, é fundamental ser simples; para se tornar Buda, é essencial ser simples; para ser Cristo, é fundamental que se seja simples – e, por imitá-los, aqueles que os seguem são complicados.

Analisem a situação. Ninguém consegue ser simples imitando outra pessoa. Imitar alguém significa que você está tentando ser como ele sem compreender quem você é, está tentando ser como o outro. Você põe de lado quem é e começa a vestir a capa de outra pessoa. Você se força a agir, a ser hipócrita.

Um país religioso está cheio de hipocrisia, e nosso país é assim. É difícil encontrar um país mais hipócrita do que a Índia. É difícil encontrar um país mais complicado, uma raça mais complicada, um credo mais complicado do que o nosso. Nenhuma outra raça é tão hipócrita quanto a nossa. O motivo é que todos estamos envolvidos nessa corrida maluca que busca alguém para seguir, algum ideal, sem que entendamos quem realmente somos – enquanto toda revolução verdadeira na vida ocorre apenas quando se compreende quem se é.

Uma pessoa é nervosa, a outra é gananciosa e uma terceira é muito arrogante. Se uma pessoa arrogante tentar ser humilde, o que acontece? Se alguém for muito egoísta e toda a sua educação, cultura e mentores lhe disserem para abandonar o ego e ser pacífico, e ele tentar abandonar seu ego, o que acontece? Ele consegue abdicar do próprio ego? Consegue abandoná-lo? Quem irá abandonar o ego? Aquele que tentar abandonar o ego será o próprio ego em pessoa.

Assim que ele sentir que está abandonando o ego, o homem dirá: "Abandonei o ego; sou humilde. Sinto-me humilde e não tenho mais nenhum tipo de arrogância em mim". O que é tudo isso? É apenas uma parte da própria arrogância. Um ego é capaz de abandonar o ego? Ao fazê-lo, ele acaba se fortalecendo, acaba se entranhando.

Por essa razão, o ego de um *sannyasin* é mais sutil do que o ego de um homem comum. Tem que ser. Pessoas comuns se misturam umas às outras. *Sannyasins* jamais se misturam. Se você disser a um *sannyasin* para se misturar com os outros, ele não consegue.

◆

Uma vez, eu disse a um famoso monge que ele deveria conhecer um certo monge. Ele respondeu que seria um pouco complicado. Qual é a dificuldade? O problema era que, se dois monges se encontrassem, quem iria se curvar primeiro para cumprimentar o outro? Quem se sentaria onde? Quem teria o assento mais alto e quem ficaria com o mais baixo?

◆

Uma vez, fui a um festival religioso. Cerca de 30 ou 40 monges pertencentes a várias religiões também haviam sido convidados. O organizador do festival queria que todos os convidados

◆ A simplicidade da mente ◆

se sentassem na mesma plataforma, mas eles não podiam, pois um era um *shankaracharya*, padre-mor dos hindus. Ele queria se sentar em um trono, e esse era o único lugar em que ele aceitaria se sentar.

E quando o *shankaracharya* se sentou no trono, como os outros monges poderiam sentar-se a seus pés? Eles disseram que também queriam se sentar em tronos. Então, teve início a preocupação sobre quais tronos eram mais altos e quais eram mais baixos.

◆

Vocês acham que essas pessoas eram santas ou eram loucas? Isso é humildade ou o último estágio de um ego inflado? É uma forma refinada do ego. Os chamados homens santos brigam uns com os outros, e fazem com que pessoas comuns também briguem umas com as outras; onde houver ego, haverá conflito, atrito, briga.

Isso é arrogância. O ego jamais abre mão do ego. Quando se trata de abrir mão do ego, é o próprio ego que começa a pensar: *Eu deveria ser humilde.* Então, o que faz? Ele finge humildade. Quando algum egoísta conhece você, curva-se em cumprimento e diz que é um nada. Ao dizer que é um nada, por dentro, ele afirma que é algo. Só um homem que sabe, por dentro, ser alguma coisa, é capaz de dizer que é um nada. Do contrário, ele não diz. Como alguém ganancioso abre mão da ganância? Ele só abre mão da ganância por ser ganancioso.

◆

Certa vez, ouvi um monge dizer em uma assembleia:

— Se você deixar de ser ganancioso, viverá em paz; se deixar de ser ganancioso, estará realizando um grande feito; se deixar de ser ganancioso, irá alcançar a *moksha*, a liberação.

Eu disse ao monge que apenas alguém muito ganancioso concordaria com ele, pois só alguém que tem ganância pelo *moksha* abriria mão da ganância por ele. Quando um homem ganancioso pela paz pensa em parar de ser ganancioso, isso é efeito da sua própria ganância, uma extensão dela. Como alguém ganancioso abandona a ganância?

◆

◆ Três passos para despertar ◆

Na verdade, não se pode abrir mão de nada que seja ruim. É como a escuridão; ela não pode ser removida. Se este prédio estiver repleto de escuridão, não podemos removê-la simplesmente afastando-a daqui. Como chamamos alguém que tenta remover a escuridão? Chamamos de louco. Sua cabeça não é muito certa. É possível afastar a escuridão? Sim, pode-se acender a luz. Quando há luz, a escuridão desaparece; não permanece em lugar nenhum.

Da mesma forma, não se pode remover o ego. Quando a simplicidade surge, o ego desaparece. Não se pode remover a ganância. Quando a paz surge, a ganância desaparece. Na vida, não se pode abandonar o mal. Quando despertamos o que é bom, quando despertamos o divino, a escuridão desaparece sozinha.

Se tentamos abrir mão do nosso ego, a vida começa a ficar complexa – e estamos todos tentando abandonar nossos egos. Conheço pessoas que me dizem terem abandonado a violência que existia dentro delas. Eu lhes pergunto: "Como você conseguiu abrir mão da violência?". Sim, podemos despertar o amor, mas jamais abrir mão da violência. As pessoas dizem que deixaram de ser falsas. Podemos despertar a verdade, mas jamais deixaremos de ser falsos. Quando tentamos aderir à linguagem do abandono, começam as complicações, começam os conflitos.

Nossa mente está cheia de conflitos. Queremos nos livrar de tantas coisas. Mas a natureza da vida não é nos livrarmos das coisas, é alcançarmos coisas. Ao alcançarmos algo maior, o que era menor desaparece. Se alcançamos aquilo que é superior, o que era inferior desaparece. Ao alcançarmos o que é superior, aquilo que era inferior dá seu lugar ao novo. Se a luz entra, a escuridão sai.

No entanto, a escuridão não consegue desaparecer por si só. A chegada da luz é primordial, o desaparecimento do que lhe é inferior é secundário. O aparecimento, a chegada da verdadeira simplicidade que causa o desaparecimento da complexidade não é algo que possa ser imposto. É algo que deve ser despertado a partir de dentro. Qual é o princípio de despertá-lo dentro de nós? O princípio é que, em primeiro lugar, devemos nos livrar de todos os ideais. Ideais nos tornam complexos.

A simplicidade da mente

Antes de tentar ser alguém na vida, você deve tentar conhecer quem você realmente é. Você se pergunta: "A quem eu deveria ser igual?". Pois eu lhe digo, isso é inútil: você deveria saber quem você realmente é. Se você souber toda a verdade sobre si mesmo, a partir desse conhecimento, virá toda a transformação. Quando alguém sabe a fundo qual é a sua raiva, já não tem mais raiva. Você não precisa fazer mais nada para que a raiva vá embora, basta conhecê-la – mas você nunca conheceu sua raiva.

Você diz: "Já fiquei várias vezes com raiva". Eu lhe garanto, já viajei para todos os cantos deste país e ainda estou procurando alguém que de fato tenha conhecido a própria raiva. Você nunca a conheceu. Quando você está com raiva, não está presente. Você fica inconsciente, não está em seu juízo perfeito. Um homem pode estar com raiva se estiver presente? Não existe raiva se você está presente. Se estiver presente, a raiva é impossível. Se você estiver totalmente presente naquele momento, se estiver consciente e alerta quando a vontade da raiva surgir, ela se torna impossível. Não é possível descarregá-la. Quando você está consciente, nada de errado pode acontecer. Para que o mal ocorra, você precisa estar inconsciente. Se alguém que deseja fazer algo de ruim estiver embriagado, o ato de maldade torna-se até mais fácil, pois, na embriaguez, a consciência desaparece.

Todas as religiões são contrárias a qualquer tipo de tóxico por causa de uma única questão. À parte isso, não há nada errado com entorpecentes. Que mal há no consumo de bebidas alcoólicas? Não há mal nenhum no álcool, exceto que, quando você está alcoolizado, sua consciência desaparece; você fica ainda mais inconsciente. Todos os pecados surgem do inconsciente. Quanto mais inconsciente você está, mais você peca.

Quando você está com raiva, fica inconsciente. Quando está tomado pelo desejo, fica inconsciente. Você fica fora de si. Já não é você mesmo. Alguma coisa começa a puxá-lo, e você está totalmente fora de si; não sabe aonde está indo. Observe alguém com raiva. Olhe para alguém que esteja cheio de desejo. Encare esse alguém, observe suas emoções. Observe seu corpo. Você perceberá que ele está inconsciente. Quando você está nervoso, fica inconsciente não só no nível da mente, mas também no nível do corpo. Cientistas dizem que suas glândulas começam a liberar uma espécie de veneno e, sob a influência desse veneno, você atinge um estado semelhante ao de uma embriaguez. Você quase chega a estar embriagado. Você está inconsciente em ambos os níveis, o do corpo e o da mente.

◆

Buda tinha um discípulo. Ele havia acabado de ser iniciado no caminho dos discípulos aos quais Buda chamava *sannyas*. Esse discípulo perguntou a Buda:

— Aonde devo ir para pedir esmolas hoje?

Buda respondeu:

— Há uma discípula minha; você deveria ir até ela.

Ele foi. Quando se sentou para comer, ele ficou chocado ao perceber que a comida servida era justamente a comida em que ele estivera pensando no caminho em direção à casa da mulher. Ele sempre adorou aquele prato, e, durante o percurso, ficou imaginando quem poderia dar-lhe aquilo de que ele gostava: *Quem será que vai me dar minha comida preferida hoje?*. Ele havia sido um príncipe até então, e estava acostumado a sempre comer o que gostava. Assim, ficou surpreso ao perceber que a mesma comida lhe estava sendo servida na casa daquela anfitriã. Ele imaginou que era apenas uma coincidência aquela comida haver sido preparada naquele dia.

Enquanto comia, pensou: *Eu costumava descansar depois de comer todos os dias. Agora, sou um mendigo e tenho que ir embora depois de comer. Terei que andar por uns quatro quilômetros debaixo do Sol.*

Enquanto comia, a mulher o estava abanando e, então, ela disse:

— Irmão, eu ficaria muito satisfeita se você descansasse um pouco em minha casa depois que terminar sua refeição.

O monge ficou novamente bastante surpreso e pensou: *Ela está lendo meus pensamentos?*. E, de novo, pensou: *Deve ter sido coincidência ela ter feito esse comentário justo no instante em que eu estava pensando sobre isso.*

Trouxeram-lhe um colchão no qual ele se deitou. Já deitado, ocorreu-lhe: *Hoje, não tenho minha própria cama nem minha própria casa. Não tenho nada.*

◆ A simplicidade da mente ◆

A anfitriã, que estava de saída, parou de repente e voltou. Ela falou:

— Irmão, essa cama não é sua nem minha, mesmo esta casa não pertence a ninguém. Não se preocupe.

Agora foi difícil para ele acreditar que aquilo também era uma coincidência. Ele se sentou e disse:

— Estou muito surpreso. Você consegue ler meus pensamentos?

Ela começou a rir e respondeu:

— A mente se acalma depois que você passa a meditar. Então você consegue sentir um pouquinho do pensamento dos outros.

Ele levantou-se num pulo. Sentiu-se completamente envergonhado e começou a ter arrepios. A anfitriã perguntou-lhe:

— Por que você está envergonhado? Por que está com arrepios? Por favor, descanse. Deite-se um pouco.

O monge respondeu:

— Por favor, permita que eu vá embora.

Ele baixou os olhos e foi saindo feito um ladrão.

A mulher perguntou:

— Qual é o problema? Por que você está incomodado?

Ele nem sequer olhou para trás. Foi direto até Buda e disse:

— Nunca mais vou bater àquela porta.

E Buda perguntou:

— O que aconteceu? A comida não era boa? Ela lhe faltou com respeito? Ela fez algo errado?

Ele respondeu:

— A comida era exatamente o que eu queria comer. Fui tratado muito bem. Mas nunca mais volto lá. Por favor, não me peça mais para voltar lá.

— Por que você está com tanta vergonha? Por que está tão incomodado? — Buda tornou a perguntar.

E o monge respondeu:

— Aquela mulher lê a mente das pessoas. Enquanto eu comia, pensamentos sensuais invadiram minha mente ao olhar para aquela mulher tão linda. Ela deve ter lido esses pensamentos também. Com que cara eu volto lá agora? Eu desviei os olhos e saí correndo. Ela me chamou de irmão, de caro senhor e assim por diante. Ela foi muito respeitosa. Eu fiquei balançado até a alma. Ela deve ter visto o que se passou pela minha cabeça. E, mesmo assim, ela ainda me chamou de caro senhor e me respeitou. Por favor, me perdoe; nunca mais voltarei lá — insistiu ele.

Buda replicou:

— Eu o mandei até lá de propósito. Faz parte da sua meditação. Você precisa voltar lá. Você vai voltar lá todos os dias. Você voltará lá até que chegue aqui e me diga que é capaz de voltar lá todos os dias sem nenhum problema. Até então, você precisa voltar. É parte da sua meditação.

O monge, então, perguntou:

— Como posso voltar? Como posso voltar dignamente? Se esse tipo de pensamento continuar me ocorrendo, o que devo fazer?

Buda o aconselhou:

— Tente uma coisa, um experimento. Não precisa fazer mais nada além disso. Observe cada pensamento que lhe ocorrer, volte lá e fique observando seus pensamentos. Se a sensualidade surgir, observe-a também. Enquanto há sentimento, há sensualidade, há raiva, continue observando tudo o que aparecer, não faça mais nada. Permaneça consciente. Assim como quando alguém acende uma vela em uma casa escura e tudo ali se torna visível, mantenha sua consciência desperta para que você consiga observar tudo o que se passa aí dentro. Tudo deve ser visto com clareza absoluta. Volte lá com isso em mente.

O monge voltou. Teve que voltar. Ele estava com medo; sabe-se lá o que poderia acontecer. E, então, voltou de lá sem medo nenhum, voltou dançando. Foi com medo e voltou dançando. Foi com os olhos baixos e voltou com os olhos fitando o céu. Ele estava quase voando quando voltou. Sentou-se aos pés de Buda e disse:

— Obrigado. Sabe o que aconteceu? Quando passei a prestar atenção, descobri o silêncio. Ao subir as escadas da casa, consegui sentir até minha respiração entrando e saindo. Consegui ouvir até as batidas do meu coração. Havia tanto silêncio dentro de mim. Quando um pensamento surgiu, fui capaz de observá-lo. Subi as escadas da casa dela em uma paz absoluta. Enquanto subia os degraus, sabia que estava pousando o pé direito e levantando o esquerdo. Quando entrei na casa e me sentei para almoçar, pela primeira vez na vida, pude observar cada uma das mordidas que eu dava. Pude sentir as vibrações em minha mão. Pude sentir o toque e experimentar a vibração da minha respiração.

◆ A simplicidade da mente ◆

Fiquei atônito, mas não havia nada dentro de mim. Estava um silêncio absoluto; não havia nenhum pensamento, nenhuma sensualidade.

Buda respondeu:

— Quando alguém está totalmente consciente por dentro, totalmente desperto e presente, todas as perturbações desaparecem. É como quando acendemos uma lâmpada e o ladrão não vem à nossa casa. Ladrões não entram nas casas quando a luz está acesa. Da mesma forma, quando a mente está plena de atenção, de luz, os incômodos cessam. A mente se esvazia.

◆

Por isso afirmo que vocês nunca observaram a raiva, pois, se a tivessem observado, ela teria desaparecido. Vocês nunca observaram o sexo; nunca o contemplaram, ou então ele teria desaparecido. Tudo o que é observado no nível da mente desaparece. Tudo o que observamos na sua totalidade desaparece. O que resta depois que tudo desaparece é o amor, o verdadeiro celibato; a não raiva, a paz, a não violência, a compaixão. É a nossa própria natureza. Não é necessário vir de nenhum outro lugar. Os elementos externos que a estão cobrindo irão desaparecer, e o que existe dentro de nós irá se manifestar.

O divino é a nossa natureza. Nesse estado natural, a compaixão é espontânea, o amor é espontâneo, o celibato é espontâneo, a gentileza, a não violência, a sinceridade e o desapego são espontâneos. Se os elementos externos desaparecem, a espontaneidade se manifesta. Por isso eu disse que a iluminação é espontânea e simples. A fala de Kabir que eu citei: "A iluminação espontânea é certeira", significa que alguém que observa de maneira espontânea alcança a iluminação. Seus tormentos desaparecem e a verdade surge dentro dele.

Isso não acontece se seguirmos alguém, mas sim ao nos voltarmos para nosso interior, para dentro de nós mesmos. Seguir alguém não vai fazer nada acontecer; só vai acontecer ao seguirmos nossos próprios padrões de pensamento. Você não tem que seguir Mahavira e Buda, você tem que observar cada movimento da sua raiva e do sexo, tem que percebê-los e reconhecê-los. Não há necessidade de criar nenhum ideal. O supremo está presente dentro de você. Você não precisa se tornar nada; se souber quem você é, tudo irá acontecer.

Quando você se empenha em se tornar alguém, complexidades, complicações e conflitos aparecem. Não tente se tornar ninguém; comece a conhecer o que existe. Não há motivo para se preocupar. Não tenha medo da raiva; não tenha medo da sexualidade; não tenha medo da inveja; não tenha medo do ódio; não tenha medo do apego; não tenha medo da ganância. Não há motivo para temê-los; adentre-os. Tenha consciência deles. Conheça-os, reconheça-os conscientemente. Observe-os. Adentre-os.

Aquele que adentra a raiva alcança o estado da não raiva. Aquele que adentra o sexo, alcança a experiência do celibato. Nós permanecemos do lado de fora por medo e por agitação, nunca entramos nesses sentimentos. Nunca desejamos conhecê-los. Nunca nos esforçamos para chegar até a raiz deles. Permanecemos do lado de fora por medo.

Pessoas más destroem a si mesmas realizando coisas más. Pessoas boas destroem a si mesmas por medo de fazer coisas más. Aconteceu certa vez...

◆

Um velho estava sentado nos arredores de sua cidade. Ele era místico e vivia fora da cidade. À noite, avistou uma enorme sombra de olhar penetrante entrando na cidade. Era apenas uma sombra com olhar faiscante. Ele perguntou:

— De quem será essa sombra e aonde ela estará indo?

Ele ouviu uma voz responder:

— Sou a praga e vim para matar milhares de pessoas nesta cidade.

Ele retrucou:

— Só pessoas más?

— Só pessoas más — ela respondeu e continuou —, vou ficar na cidade por três dias e vou acabar com mil pessoas más.

Durante três dias, milhares de pessoas morreram na cidade. Entre elas, não havia apenas pessoas ruins, havia também pessoas boas, monges e nobres. O velho místico esperou a sombra sair da cidade no terceiro dia para lhe perguntar por que o havia enganado.

Quando ela apareceu, no terceiro dia, ele disse:

♦ A simplicidade da mente ♦

— Pare! Diga-me por que você me enganou, por que mentiu para mim. Você disse que iria destruir só mil pessoas más. Nos últimos dias, milhares de pessoas foram destruídas, e havia muitas pessoas boas e decentes entre elas.

A praga respondeu:

— Matei apenas mil pessoas ruins; as pessoas boas morreram de medo. Eu não as matei. Sou responsável por apenas mil mortes, o restante morreu por si mesmo.

♦

Ainda que seja uma história fictícia, é verdadeira. Pessoas más morrem de raiva, pessoas boas morrem de medo da raiva.

Existe um terceiro caminho: não é uma questão de ter raiva ou de lutar contra ela. É questão de conhecê-la. Não se trata de sentir raiva, deixar que ela assuma o controle. Nem de forçar um estado de não raiva por medo da raiva em si. Trata-se de conhecer essa raiva e, assim, acabar com ela. Ao conhecê-la, ela desaparece. Ao conhecê-las, as complicações desaparecem. Não existe maior revolução do que o conhecimento.

Enquanto estávamos vindo para cá, alguém perguntou: "Se tivermos conhecimento interior, o que faremos? Uma vez que esse conhecimento existir, como será nosso comportamento? Se o alcançarmos, como o aplicaremos no dia a dia?". A pergunta em si já está errada. É como se alguém perguntasse: "Quando houver luz, o que devemos fazer com a escuridão?". Como se alguém perguntasse: "Acenderam a luz, agora o que faremos com o escuro?". O que podemos responder?

Podemos responder: "Você não entendeu o significado da luz". O próprio ato de acender a luz significa que não existe mais escuridão. Possuir conhecimento interior significa que a ignorância acabou. Uma vez que a ignorância acaba, o comportamento que deriva dela deixa de existir. Como ele pode existir? Ignorância interior traz uma má conduta, conhecimento interior traz uma boa conduta. O comportamento não precisa estar atrelado ao conhecimento, assim, quando se é ignorante, a má conduta acontece por si só.

Você provoca raiva? Alguma vez você a provocou? Você sempre percebe que ela chegou. Mas você já a criou? Você já provocou

◆ Três passos para despertar ◆

ódio? Você sempre sente que ele chegou. Mas o que significa "ele chegou"? Se ele chega, significa que existe ignorância interior acompanhada de mau comportamento. Do mesmo modo, se houver conhecimento interior, surge também um bom comportamento. Ele não precisa ser cultivado. Se houver conhecimento interior, o amor será consequência como o ódio é agora; a compaixão será consequência da mesma forma que a crueldade é agora; a não violência será consequência, como agora é a violência. A ignorância interior navega pelo mau comportamento. O conhecimento interior navega pelo bom comportamento. O bom comportamento não pode ser imposto; ele aflora, flui, e se transforma em conhecimento interior.

Tudo na vida flui. Nada é criado. Eu lhes disse que é preciso que haja simplicidade na vida, que não deveria haver nenhuma complexidade nela. Não pensem que isso significa que vocês devam criar a simplicidade. O que vocês precisam fazer é conhecer suas complexidades e adentrá-las. O jeito de entrar nessas complexidades é ter consciência delas e de todos os movimentos da mente.

Ontem, eu lhes disse para serem testemunhas dos seus pensamentos e a liberdade seria consequência. Sejam testemunhas de seus sentimentos e a simplicidade virá a seguir. Alguém que passa a conhecer o pensamento fica livre dele. Alguém que passa a conhecer os sentimentos se livra deles. Conhecer o pensamento é libertar-se dele; conhecer o sentimento também.

Quando nossos sentimentos são complexos, não conhecemos a verdade. Se os pensamentos são complexos, não conhecemos a verdade. Quando os pensamentos e os sentimentos são simples, inicia-se uma preparação interior que abre nossos olhos para a verdade. Por isso, falei do segundo passo: a simplicidade da mente.

Amanhã falarei do terceiro passo: esvaziamento da mente. São apenas três passos: liberdade da consciência, simplicidade da mente e esvaziamento da mente. Alguém que aguça a liberdade, a simplicidade e o esvaziamento alcança a iluminação.

Sou grato por vocês terem me escutado com amor. Eu me curvo ao divino que existe em todos vocês; por favor, recebam minhas saudações ao divino que os habita.

3

A verdadeira resposta está na percepção interior

Primeira pergunta:

OSHO,
Se todas as escrituras são hipócritas, como ficam as escrituras
dos Vedas e os Upanixades? Devemos acreditar nelas ou não?

Você nunca leu o que está escrito nas escrituras. Você leu o que foi capaz de ler, e não o que está nas escrituras. É preciso compreender isso.

Quando você lê o Gita, ou o Upanixade, ou a Bíblia, ou qualquer outra escritura, você acha que todas as pessoas que os leram entenderam as mesmas coisas? Sem dúvida, haverá tantos significados quanto leitores ali. O que você entende não pertence à escritura; pertence a você e a sua própria percepção. Isso é normal. Você consegue compreender as coisas de acordo com o seu próprio grau de entendimento, sua percepção, sua educação.

Quando você entende o Gita, não deve pensar que entendeu os mandamentos de Krishna. Você entendeu apenas seus próprios mandamentos. Mesmo que haja alguma verdade nas escrituras, não é possível alcançá-la por meio da compreensão. Por favor, entendam isso direito. Pode haver verdade na escritura, mas não se chega a ela pela compreensão dessa escritura. Sim, se é possível alcançar a verdade, é possível compreender as escrituras. Por quê?

A não ser que alcance o mesmo estado de consciência que Krishna tinha ao escrever seus mandamentos, você não será

◆ Três passos para despertar ◆

capaz de compreender tais mandamentos. Tudo o que entender será um entendimento apenas seu. É por esse motivo que existem tantas controvérsias sobre as escrituras. Existem mil comentários sobre o Gita. Ou Krishna era louco e seus escritos tinham mil significados ao mesmo tempo, ou eles têm apenas um significado. O fato de haver mil interpretações sugere que existem mil significados. Todos os comentários, definitivamente, não são sobre o Gita de Krishna, mas sim sobre o estado intelectual de seus autores. São projeções daquilo que eles pensam. Não pode haver mil significados no Gita de Krishna. A verdade é que existe um significado para cada pessoa que o lê. Não cometa o erro de achar que o que você entendeu do Gita é realmente o que está escrito ali; aquilo é apenas sua própria percepção.

Quando você lê uma escritura, não chega à verdade, apenas infere o significado daquilo que já conhece – e isso não é a verdade. Alguém que conhece a verdade consegue entender a escritura, mas não é possível conhecer a verdade por meio da compreensão da escritura. É por essa razão que, embora os livros sagrados de todas as religiões digam a mesma verdade, seus seguidores sempre brigam uns com os outros, há oposição entre os fiéis. Há no mundo muitas seitas em nome da verdade. A verdade é uma só, as seitas são muitas. Isso não significa que nós criamos seitas, não a verdade? Com o crescimento do pensamento no mundo, haverá tantas seitas quantas forem as pessoas. O pensamento gera opiniões individuais.

Quando digo que não é possível alcançar a verdade lendo as escrituras, é preciso que vocês entendam o que quero dizer. Você só consegue compreender até o limite de seu estado de consciência, jamais além disso. Lendo as escrituras, você captura apenas o que faz sentido para você, nunca o sentido da própria escritura. Pode haver verdade naquela escritura, mas você não vai alcançá-la estudando a escritura.

Por isso eu disse que estudar não é o caminho para a verdade; meditar é o caminho. Ler e guardar as coisas na memória, decorá--las, não é a verdade. Pelo contrário, quando você atinge o estado de nada, abandonando todos os seus pensamentos – excluindo todos os pensamentos da sua consciência – o que você consegue nesse estado de silêncio é a verdade. Uma vez que você experimenta a

♦ A verdadeira resposta está na percepção interior ♦

verdade, as escrituras não têm mais relevância. Você mesmo sabe o que as escrituras dizem.

Creio que o que eu disse agora tenha ficado claro a vocês. Estou falando aqui; há apenas um orador aqui e sou eu. Há também apenas um propósito e um sentido naquilo que digo. Você acha que, como ouvinte, está ouvindo exatamente o que está sendo dito? Se você está escutando exatamente tudo o que está sendo dito, e eu perguntar o que foi que eu disse, você acha que todas as respostas serão iguais? Haverá várias respostas diferentes. O que significa que nem todos ouviram as mesmas coisas. Cada um ouviu uma coisa diferente. Vocês estão fadados a ouvir coisas diferentes, pois seus pensamentos e percepções são tão diversos que minhas palavras têm significados diferentes aos ouvidos de cada um. E vocês projetarão esses significados diferentes em mim, dizendo que fui eu quem os disse.

Da mesma forma, vocês projetam seus significados em Krishna, nos Upanixades, em Cristo. Vocês projetam o significado e dizem que foram eles que disseram. Jamais se iludam dessa forma. O que quer que você diga, são palavras suas; você não deve colocar o nome de ninguém nelas. Se você estiver em posição de conhecer a verdade, não há necessidade de ler as escrituras. Se não estiver em condição de conhecer a verdade, nada vai acontecer por meio da leitura das escrituras.

Por isso eu disse que um homem pode passar a vida toda lendo as escrituras. Pode ler quantas escrituras quiser; nada vai acontecer. Sim, ele vai coletar muitos pensamentos, e se quiser fazer discursos, poderá fazê-los. Seu ego ficará satisfeito com os discursos; não há nada mais satisfatório ao ego do que discursar. A alegria e satisfação que a pessoa sente ao dar palestras aos outros é algo que não se encontra em nenhuma outra atividade.

Depois de ler as escrituras, você é capaz de pregar. Após ler as escrituras, você é capaz de escrever outras escrituras, se quiser. É possível, mas você nunca vai ficar frente a frente com a verdade. Para que a verdade se manifeste, você não precisa ter uma coleção de pensamentos, precisa deixar todos os pensamentos irem embora, esvaziar-se deles. A verdade existe dentro de você. A verdade existe à sua volta, mas você não tem olhos para vê-la.

◆ Três passos para despertar ◆

Contam um incidente que aconteceu com Buda...

◆

Certa vez, ele foi a uma vila e algumas pessoas trouxeram um homem cego até ele. Elas disseram:

— Este homem é nosso amigo e é cego. Nós tentamos explicar a ele que a luz existe, que existe um Sol, mas ele não acredita. Ele se recusa a acreditar. Ele não aceita. E não apenas ele se recusa a aceitar, mas também fica tentando nos convencer de que estamos errados, que não há nada parecido com a luz. Ele usa um raciocínio tão lógico que acaba ganhando a discussão. Quando soubemos que você estava vindo para a nossa vila, pensamos em trazê-lo até aqui para que você possa fazê-lo entender que a luz existe.

Buda respondeu:

— Não, não vou fazê-lo entender coisa alguma. Posso fazer vocês compreenderem algumas coisas.

Os amigos ficaram bastante surpresos e disseram:

— O que mais precisamos entender? Nós dizemos a ele que a luz existe, e então ele diz: "Se a luz existe, eu gostaria de tocá-la e senti-la. Tudo o que existe pode ser tocado e sentido". Nós dizemos: "A luz existe", e ele diz: "Se existe, quero ouvir o som que ela faz, ouvir a voz dela. Se esfregarmos algo que existe contra outra coisa, vamos produzir um som". E, assim, ficamos sem saída.

Buda disse:

— Vocês estão errados. É loucura tentar explicar a um cego o que é a luz. Não dá para explicar o que é a luz, é preciso vê-la. Não se pode pensar na luz, é preciso compreendê-la. Não se pode desenvolver uma concepção sobre a luz, é preciso experimentá-la. Tentar explicar a ele o que é a luz sabendo que ele é cego é loucura, e ele está certo no que diz. É melhor levá-lo a um médico do que a um pensador. Ele precisa de tratamento e não de argumentos. Não tentem fazê-lo entender; tratem os olhos dele. Se ele voltar a ver, saberá o que é a luz sem que vocês tenham que lhe dizer. Se ele continuar cego, não importa quantas vezes vocês tentarem fazê-lo entender, ele nunca saberá o que é a luz.

Eles o levaram ao médico para fazer um tratamento. Depois de um tempo, tiraram uma membrana de seus olhos e ele pôde enxergar. Então, disse aos amigos:

◆ A verdadeira resposta está na percepção interior ◆

— Desculpe-me. A luz existe, mas eu não tinha olhos para vê-la. Qualquer coisa que vocês me dissessem seria inútil. Tentar me explicar com palavras algo que eu nunca havia experimentado era inútil. A conversa de vocês me parecia sem sentido, e eu achava que toda essa história de luz era apenas para provar que eu era cego. Agora eu sei que a luz existe porque meus olhos podem vê-la.

◆

A verdade é algo a respeito do qual não se pode pensar; ela deve ser compreendida de forma direta. A verdade não pode ser estudada, apenas experimentada. Para a verdade, você também deve abrir uma espécie de olhos aí dentro, só então poderá compreendê-la, e não por meio da leitura de escrituras. Você pode ensinar o quanto quiser sobre a luz a um cego, pode explicar tudo a ele, mas o que vai acontecer? Ele vai acabar apenas repetindo tudo o que você diz, e essas palavras não irão abrir-lhe os olhos. Elas não o farão experimentar nada. Ele não terá uma percepção direta.

Para a verdade, também são necessários olhos. Não são necessários pensamentos, nem estudos; mas sim uma busca interior, um método. Nenhuma escritura é capaz de lhe dar a verdade. O que as escrituras não provêm é alcançado por meio da busca interior.

Não pensem que estou dizendo que todas as escrituras estão erradas. Não pensem que não há verdade nas escrituras. O que estou dizendo é que não se pode chegar à verdade por meio das escrituras. Estou dizendo que você não tem a verdade lendo as escrituras. Existem livros que falam sobre a luz, mas eles são inúteis a alguém que é cego. Não estou dizendo que tudo o que está escrito sobre a luz nesses livros está errado, mas eles não são capazes de fazer um cego ver. Para que ele consiga enxergar, é preciso outro tipo de tratamento. Se você tiver isso em mente, será capaz de compreender o que eu digo.

Não se alcança a verdade por meio de nenhuma leitura. Se fosse possível alcançá-la dessa forma, teríamos escolas para a verdade. Não seria algo difícil; ali, você alcançaria a verdade. Pessoas leriam os livros e chegariam à verdade.

Pode-se chegar à ciência por meio de estudo; mas não se chega à religiosidade da mesma forma. Os livros de ciência são úteis,

◆ Três passos para despertar ◆

livros sobre religião são um entrave. Não se chega à ciência sem estudo. Tudo o que está relacionado à matéria pode ser alcançado por meio do estudo. Há livros sobre isso. Mas o que está relacionado à consciência não pode ser alcançado dessa forma. Só é possível experimentá-lo.

Continuando com as perguntas, a mesma pessoa também disse:

OSHO,
O homem não nasce inteligente; ele precisa estudar. O que ele deve estudar para ter uma vida bem-sucedida?

Se você compreendeu tudo o que eu disse até aqui, gostaria de acrescentar ainda que não se tem uma vida bem-sucedida lendo as escrituras, mas sim estudando a própria vida. Existe algo mais grandioso do que estudar a vida? As escrituras não são fruto do estudo da vida? Uma vez que todos os pensamentos nascem do estudo da vida, não seria melhor estudar essa vida em vez de obter informações de segunda mão a respeito dela? Se alguém me contar algo sobre o amor, vou descobrir o que ele é? Não é melhor que eu conheça o amor por mim mesmo e o experimente diretamente? Posso experimentar o amor pela experiência amorosa de outra pessoa? Enquanto estou vivo, não seria melhor que eu mesmo amasse para descobrir o que é o amor?

Quando nos deram a vida, deveríamos tê-la estudado – mas não estudamos a vida em si, estudamos as escrituras. Elas estão absolutamente mortas. A vida está na nossa frente e seguimos estudando as escrituras.

Houve um incidente na vida de Rabindranath Tagore...

◆

Ele estava estudando estética. Estava pesquisando o que é a beleza. Pesquisou muito, leu muitos livros, mas não conseguiu encontrar um conceito claro sobre o que é a beleza.

Até que ele passou uma noite em uma casa flutuante. Era noite de lua cheia. Ele estava sentado no quarto. Era um quarto pequeno e ele estava estudando, lendo sobre estética. Por volta das duas da manhã, estava cansado. Fechou o livro, apagou a lamparina e

◆ A verdadeira resposta está na percepção interior ◆

inclinou-se na cadeira. Deitado ali, olhou através da janela. E então se levantou num pulo, foi até a janela e exclamou:

— Ah, mas que tolo eu fui. A beleza estava na minha frente e eu a estava procurando nos livros.

◆

A beleza está sempre presente, mas existem loucos que a procuram nos livros. O amor está sempre presente, mas há loucos que começam a estudar o amor nos livros. A existência está sempre presente, mas há loucos que recorrem aos livros para encontrá-la. O que é toda essa vida a nossa volta? Deus, a verdade e a existência não estão presentes em cada momento da vida? Estão, mas ou não estamos preparados para vê-los, ou não queremos vê-los, ou não temos o autoconhecimento necessário para vê-los.

Falo que vocês estão passando pela vida, mas não conseguem vê-la. Vocês dirão: "Do que você está falando? Estamos vivos dia e noite; estamos vivos de manhã até a noite; estamos vivos da noite até a manhã; estamos vivos o tempo todo" – e eu continuarei dizendo que vocês estão passando pela vida sem vê-la.

Tenho certeza de que vocês estão vivendo a vida sem conhecê-la. É por isso que surgem todas essas questões – se Deus existe ou não. Se você conhecesse a vida, teria encontrado o divino que há em você. É por isso que você pergunta se existe ou não uma alma. É por isso que você pergunta se existe reencarnação.

Para quem conhece a vida, a morte desaparece. A morte não existe. Mas vocês não conhecem a vida. Não é verdade que todos nós temos medo da morte? Se conhecêssemos a vida, estaríamos preocupados com a morte? A vida pode mesmo morrer? Podemos chamar de vida algo que pode morrer? A vida é algo que não morre. A vida de verdade não tem fim – mas não conhecemos a vida.

Por que não conhecemos a vida? Não a conhecemos porque ela está sempre no presente, e nós estamos sempre no passado ou no futuro. A vida está sempre no presente. As três divisões do tempo são o passado, que já foi; o futuro, que ainda não chegou; e o pequeno pedaço do agora, que é o presente. Nunca estamos no momento presente. É um momento muito fugaz. Antes de percebermos, ele já é passado. Nossa mente está no passado. Ou pensamos

◆ Três passos para despertar ◆

no passado ou no futuro. É por isso que somos privados do presente, privados do que é, do que é o próprio momento.

◆

Uma vez, levei um amigo a um passeio de barco pelo rio e pelas montanhas. Ele tinha acabado de voltar de uma viagem que fez ao exterior. Era um grande poeta, muito viajado. Já tinha visto tantos rios e montanhas, já tinha visitado tantos lugares lindos.

Eu o levei para um passeio turístico e ele me perguntou:

— O que tem lá? Eu já vi tantos lagos, tantas montanhas e cachoeiras lindas.

Eu respondi:

— Mesmo assim, você deveria vir comigo. Por quê? Porque acredito que cada coisa tem sua própria beleza. Você não pode comparar a beleza de uma coisa com a beleza de outra, pois, neste mundo, cada coisa é única; não há duas coisas iguais. Até mesmo uma pedrinha tem sua própria beleza. Você pode procurar pelo mundo, mas nunca vai achar um pedacinho de pedra como este. — E continuei: — Vamos lá. Vamos ver essas pequenas montanhas e esse riacho.

Eu o levei comigo. Por duas horas, navegamos num barco pelo rio e montanhas. Ele falava o tempo todo sobre os lagos da Suíça. Falava o tempo todo sobre os lagos da Caxemira. Eu fiquei escutando.

Quando voltamos, duas horas depois, ele disse:

— Foi um passeio muito bonito.

Eu coloquei a mão sobre seus lábios e falei:

— Não diga mais nada porque eu fiz o passeio sozinho. Você não foi comigo. Você não estava lá, só eu estava.

Ele disse:

— O que você está dizendo? Eu passei duas horas lá com você e vimos tudo juntos.

Eu falei:

— Podiam ver você comigo, mas você não estava comigo. Sua mente estava na Suíça, ou na Caxemira, mas não estava naquelas pequenas montanhas, no riacho. Você não estava presente. Você não viu o que estava a sua frente; sua memória estava lá atrás. — E continuei: — Agora entendo que o que você falou

◆ A verdadeira resposta está na percepção interior ◆

sobre os lagos suíços deve ser falso, pois compreendi seu hábito mental; sua mente também deve ter estado em outro lugar enquanto você esteve lá.

◆

Este é um hábito que todas as nossas mentes possuem. Elas não estão onde nós estamos. Assim, nos privamos da vida. Ou ficamos pensando no passado, ou no futuro. Nos dois casos, perdemos o presente. Privamo-nos dele. Como eu disse, a vida está sempre no presente. Ela não está no passado nem no futuro.

Por causa dessa mente que está sempre vagando pelo passado ou pelo futuro, não conhecemos o fluxo constante da vida. Por favor, estudem a vida. Não permitam que a mente de vocês viva no passado. Não permitam que ela permaneça desnecessariamente no futuro. Tragam-na de volta, façam com que ela esteja presente no momento presente. Se você estiver sentado sob o luar, fique sob o luar por um instante e esqueça todas as preocupações do passado e do futuro. Se estiver sentado ao lado de uma flor, fique ali com aquela flor por um instante e tire todos os pensamentos da cabeça. Observe a vida e abandone todos os pensamentos, e ficará surpreso ao perceber que tudo o que você procurava nas escrituras esteve sempre ali ao seu alcance. Tudo o que você não alcança por meio das escrituras está ali ao seu alcance.

Nós estamos ausentes. Lembrem-se, a verdade está sempre presente, mas nós estamos ausentes. A existência está sempre presente, mas não a encaramos. Seus olhos estão fechados ou vagueiam por outros lugares.

Eu digo: "Com certeza, estude, mas estude a vida". O pré-requisito para estudar a vida é abandonar os pensamentos e observá-la diretamente.

Você já encarou um rosto sem pensar? Já olhou nos olhos de alguém sem pensar? Já ergueu os olhos para ver o Sol sem pensar? Já olhou para o mar sem pensar? Para uma montanha, uma colina, uma flor, uma árvore, uma estrada, para pessoas andando na rua, você já olhou para alguma coisa sem pensar?

Se você não consegue fazer isso, como vai conseguir conhecer a vida? Você estará sempre cercado por pensamentos. A vida está passando. Esqueça os pensamentos e olhe, pare de pensar e olhe, deixe que os pensamentos parem e olhe; e o que vai ver, então, é a vida. Não há estudo mais grandioso do que a vida; nenhuma escritura é maior do que ela. Se todas as escrituras fossem apagadas, destruídas, mesmo assim a verdade não desapareceria. Ela está sempre presente. Ouvi dizer que aproximadamente cinco mil livros são publicados semanalmente no mundo todo. Cinco mil toda semana! Imaginem o que vai acontecer daqui a pouco. Não haverá mais espaço para os homens, só para os livros.

Mesmo com todos esses livros, o que está acontecendo? Onde está o homem? Ele continua encolhendo dia após dia. Os livros seguem aumentando e o homem diminuindo. Os livros continuarão aumentando e o homem ficará menor. Pouco a pouco, haverá montanhas de livros – e quanto ao conhecimento humano sobre a vida? O conhecimento humano sobre a vida ficará vazio. A vida não pode ser estudada por meio de escrituras ou de palavras, deve-se estudá-la por meio da consciência do que ela é, deve-se estar desperto.

Estou dizendo as coisas da forma como acredito que elas sejam. Espero que vocês entendam o que eu digo. Se tiverem que estudar alguma coisa, estudem a vida. A vida é o livro aberto de Deus. Dizem que Deus escreveu os Vedas. Dizem que Deus enviou seu próprio filho, Jesus Cristo, e escreveu a Bíblia. Isso tudo é tolice. Deus escreveu apenas um livro, o livro da vida. Nenhum outro livro foi escrito por Deus. O homem é quem assina todos os outros livros. Todos eles foram escritos por mãos humanas. Existe apenas o livro da vida que foi escrito por Deus. Se você quiser chamá-lo de Vedas, chame-o; se quiser chamá-lo de Bíblia, chame-o. Estude a vida, que é o livro de Deus. Conheça-a, reconheça-a e não deixe que outros livros fiquem no caminho. Se houver outros livros no caminho, você não vai conseguir estudar a vida. Não permita que outros livros fiquem no caminho, olhe diretamente para a vida. Se você quer fazer contato direto com o divino, por que precisa consultar um livro? É uma escola? Por que se sobrecarregar com livros?

Há quem tenha o Ramayana entre si e a existência; há quem tenha a Bíblia; há quem tenha os Vedas. Todos são livros grossos e não levam você até Deus. Jogue-os fora. Quando se pode receber

♦ A verdadeira resposta está na percepção interior ♦

o divino diretamente, por que colocar um livro no meio? Por que você coloca um livro no caminho? Não há necessidade de colocar nada no caminho – nem um livro, ou um mestre, ou um tirtancara, ou um avatar, ou o filho de Deus. Não é preciso colocar ninguém no meio. Quem faz isso se priva da vida.

Lembrei-me de uma história...

♦

Certa vez, houve um místico sufista. Um dia, ele sonhou que havia chegado ao céu. Havia chegado à terra de Deus. Várias festividades estavam acontecendo. A rua estava lotada de pessoas e enfeitada com luzes grandes e bandeiras, todo o lugar estava bem iluminado e decorado; era algum tipo de festival. Ele parou num canto e perguntou para alguém o que estava acontecendo. Havia mil pessoas ali e ele perguntou a uma delas o que estava acontecendo. O homem respondeu:

— Estão trazendo Deus em uma procissão; hoje é aniversário Dele.

O místico disse:

— Que sorte a minha por ter vindo aqui hoje e ter a oportunidade de presenciar este evento.

Então, outra grande multidão, uma procissão enorme, veio da rua. Lorde Buda estava montado e um cavalo e milhões de pessoas o estavam seguindo.

O místico perguntou a alguém:

— A procissão de Deus veio?

O homem respondeu:

— Não, essa é só a procissão de Buda; seus seguidores estão caminhando atrás dele.

Então, seguiu-se a procissão de Rama; depois de Mahavira; depois de Cristo; depois de Krishna; depois de Maomé – e cada um deles era seguido por milhares de pessoas.

O místico perguntou:

— Cadê a procissão de Deus?

E as pessoas responderam:

— Só existe a procissão de seus encarnados, de seus amados.

O místico, então, pensou: *Se as suas encarnações têm procissões tão grandes, como será a procissão de Deus?*

◆ Três passos para despertar ◆

Finalmente, depois que as procissões de todos tinham passado, ele viu um cavalo quase morto vindo carregando um homem muito velho.

O místico perguntou:

— Por que a procissão de Deus ainda não veio?

E as pessoas responderam:

— Essa que está vindo aí é a procissão de Deus.

◆

Ninguém o acompanhava. Ele estava completamente sozinho, pois algumas pessoas estavam com Rama, outras com Krishna, outras com Mahavira, outras com Buda, outras com Cristo, outras com Maomé – e ninguém ficou com Ele, Ele estava sozinho. Ninguém acompanhava sua procissão. Era para ser seu aniversário e ninguém estava em sua procissão.

Foi isso o que aconteceu. Livros, mestres, encarnações e o filho de Deus entraram no meio, apesar do fato de que o contato com Deus precisa ser direto e imediato. Com o amor, você precisa ter um contato direto. Ninguém pode ficar no caminho do amor. Se estou apaixonado por alguém e há outra pessoa no caminho, como o amor pode acontecer? Se eu rezar e houver outra pessoa no caminho, como minha oração pode acontecer? Eu estou apaixonado por alguém, mas há um representante no caminho, como o amor pode acontecer? O amor tem que ser direto. Não pode haver ninguém no meio. Oração também é amor. É amor infinito. É algo que se faz diretamente. Não pode haver ninguém no meio – nem um livro, ou palavras, ou um mestre.

Por favor, removam quem quer que esteja no meio. Coloque-os de lado. Se você deseja alcançar o divino e a verdade, tire todo mundo do caminho. Você é suficiente sozinho. Só você já basta. Apenas estude a vida e conheça-a. Só o que a vida lhe der é verdade. Só o que lhe vier a partir da vida está vivo. Só o que se recebe da vida é libertador.

Alguém perguntou:

OSHO,
Devemos praticar nossa disciplina interior a partir do conceito de
samádi da Hatha ioga, da Raja ioga ou de algum outro caminho?

◆ A verdadeira resposta está na percepção interior ◆

Existem vários tipos de samádi? O samádi da Hatha ioga é diferente do da Raja ioga?

Nós dividimos e colocamos rótulos em tudo. Fazemos gradações em tudo. Em nossa cabeça, nossa referência é um mercado. Lá, tudo tem um rótulo. As coisas ficam separadas em caixas; cada uma em sua devida prateleira. Aplicamos a mesma prática à religião. Nossa atitude é a mesma para tudo; achamos que tudo consiste em divisões diferentes.

◆

Existiu um místico baul em Bengala que era devoto de Vixnu. Os baul falam sobre o amor; para eles, tudo é amor, Deus é amor. Um dia, um sábio foi visitá-lo e perguntou:

— Você sabe quantos tipos de amor existem?

O baul disse:

— Amor de diferentes tipos? Eu nunca ouvi falar sobre isso. Eu conheço o amor, não conheço nada sobre tipos de amor.

O sábio disse:

— Significa que você não sabe de nada. Sua vida é um total desperdício. Em nossas escrituras, consta que existem cinco tipos de amor. Você não sabe nem quantos tipos de amor existem, como pode saber o que é o amor?

O místico baul respondeu:

— Se assim está escrito nas escrituras, deve estar certo. Talvez eu esteja errado. Eu conheço apenas o amor e não faço ideia sobre seus diferentes tipos. Já que você os mencionou, agora desejo saber. Por favor, leia o seu livro sagrado para mim.

O sábio abriu suas escrituras e contou sobre todos os tipos de amor que existem. Ele explicou todos ao místico. Ao terminar a explicação, perguntou-lhe:

— Entendeu o que eu disse? Teve algum efeito sobre você?

O baul começou a rir e perguntou:

— Se teve algum efeito sobre mim? Enquanto você lia sua escritura, parecia-me um ourives que traz sua pedra de toque a um jardim para verificar se as flores são verdadeiras ou não. Foi isso que eu senti — disse o baul, e continuou. — Você é louco! Pode haver vários tipos de amor? É amor se for separado em tipos?

◆

Três passos para despertar

O amor é um só. A iluminação também é apenas uma. Não pode haver 25 formas de iluminação. Há muitos tipos de doenças, tenha isso em mente, mas há apenas um tipo de saúde. Há muitos tipos de perturbação, mas só há um tipo de paz. Há muitos tipos de problemas, mas há só um tipo de iluminação.

Pessoas cuja mente funciona feito um livro dividem as coisas; elas analisam este ou aquele tipo – o tipo Raja ioga, ou o tipo Hatha ioga, ou o tipo Bhakti ioga e assim por diante. Não existem tipos de ioga nem nada parecido. Existe apenas uma ioga. Todas essas divisões foram criadas por eruditos; elas não representam o entendimento de um discípulo. Os eruditos adoram analisar as coisas. Se você ler as escrituras, vai encontrar divisões sutis. Elas foram analisadas e divididas em detalhes, mas é tudo conversa. Existem pessoas malucas que se impressionam muito com divisões e análises; elas acham que é algo muito especial.

Na vida não há divisões; a vida é uma só. A iluminação também é uma só. Qual é o significado de samádi? Samádi significa que a mente está tão em paz que não lhe resta nenhum problema, nenhuma perturbação. A mente está completamente vazia, portanto, não lhe resta nenhuma atividade, nenhuma distorção, nenhum descontentamento. Quando a mente atinge tal estado de equanimidade, no qual não há absolutamente nenhum movimento ou turbulência, o que se conhece nesse estado supremo de paz é verdadeiro. Samádi é a porta para a verdade.

Não existem tipos diferentes de iluminação nem de ioga. Essas divisões, essa categorização das escrituras é coisa nossa. Nós nos apegamos a elas e achamos que deve haver divisões.

Não existem categorias. Falarei mais sobre isso amanhã – quando abordar o esvaziamento da mente, vou falar mais sobre o samádi também. E vou tentar explicar mais a fundo para que vocês possam compreender melhor meu ponto de vista.

Na vida, tudo isso é uma coisa só. Se parece haver muitos tipos de iluminação e de ioga, é porque o jeito de olhar está errado. Certamente estamos errados. Muitas seitas e muitas fés são feitas de muitos nomes distintos. Cada uma tem seguidores e opositores e, assim, cria-se tumulto no mundo. Colocamos a verdade em um canto e nos ocupamos em discutir a opinião que temos sobre ela.

◆ A verdadeira resposta está na percepção interior ◆

◆

Certa vez, um homem foi até um mestre zen e lhe disse que gostaria de saber a verdade. O mestre perguntou:

— Você quer saber a verdade ou quer saber a respeito da verdade? Se quiser saber a respeito da verdade, deve ir a outro lugar. Há muitas pessoas que vão lhe falar sobre a verdade. Mas, se quiser conhecer a verdade, fique aqui, mas não me pergunte de novo sobre ela.

O homem ficou chocado, mas falou:

— Estou de acordo. Vim aqui para conhecer a verdade. Vou ficar.

O mestre lhe disse:

— Esta comunidade abriga 500 monges e faz-se arroz para eles todos os dias. Fique na cabana atrás da cozinha. Seu trabalho será lavar o arroz todos os dias. Você não precisa fazer nada além disso. Não precisa falar demais com ninguém, fofocar com ninguém. Não lhe daremos mantos de monge. Você só precisa lavar o arroz e lembrar-se de uma coisa: enquanto estiver lavando o arroz, deve fazer apenas isso e nada mais. Faça só isso. Quando estiver cansado, vá dormir, e quando acordar, volte ao trabalho. Isso é tudo. Não venha até mim de novo. Se for necessário, eu irei até você.

Três anos se passaram. O homem seguiu lavando o arroz. Ninguém na comunidade nem sabia que ele estava ali ou o que fazia. Os demais habitantes da comunidade refletiam sobre o que era a iluminação e a verdade. Eles debatiam; liam as escrituras. O homem que só lavava o arroz ficava no fundo. Ele não tinha nenhum conhecimento das escrituras. Não falava com ninguém. Todos os quinhentos habitantes da comunidade achavam que ele era apenas um simplório, um louco. "Ele só lava o arroz. Quem é ele, um empregado?"

Pouco a pouco, esqueceram-se dele. Quem se lembraria de um homem como aquele? As pessoas só se lembram de quem faz barulho e causa tumulto. O pobre coitado ficou lavando o arroz sossegado lá no fundo. Quem iria se lembrar dele? Todos se esqueceram. Eles nem se lembravam da sua existência. Ele era como um objeto da comunidade.

◆ Três passos para despertar ◆

Quase dez anos se passaram. Ele nunca falou com ninguém nem tomou partido em algum debate. Apenas seguiu lavando o arroz e dormindo. Durante um tempo, no começo, velhos pensamentos lhe vinham à mente. Ele apenas lavava o arroz para não dar vazão a novos pensamentos. Assim, não acumulou novos pensamentos. Por quanto tempo pensamentos velhos podiam circular? Ele lavava o arroz; sua atenção inteiramente focada naquilo. Ao levantar a vareta de bambu, sua mente se erguia com ela e, ao abaixá-la, a mente também ia junto. Quando pegava o arroz, sua mente também o pegava; quando soltava o arroz, a mente também o fazia. Quando comia, sua mente comia também; quando ia dormir, sua mente também adormecia.

Doze anos se passaram. Nesse tempo, quem sabe quantos sábios saíram daquela comunidade, quanto conhecimento foi acumulado ali – e aquele pobre homem continuava tão ignorante quanto antes.

Depois de doze anos, o mestre estava velho. Um dia, anunciou que deixaria seu corpo dentro de alguns dias e, por isso, gostaria de nomear um sucessor.

Ele disse:

— O discípulo que for merecedor do meu lugar será meu sucessor. Como teste, gostaria que cada um de vocês escrevesse o que é a verdade em quatro linhas, num pedaço de papel, e entregasse para mim. Se eu achar que alguém tem experiência com a verdade e que respondeu corretamente, essa pessoa será meu sucessor. Ela ficará no meu lugar. Lembrem-se, vocês não podem trapacear. Se alguém responder algo que está nos livros, vou reconhecer de cara qual resposta foi copiada das escrituras e qual foi realmente escrita pela pessoa. Então não tentem me enganar.

A comunidade inteira sabia que não dava para enganar o mestre, ele descobriria. Depois de muito hesitar, um discípulo tomou coragem e escreveu algo, pois ele era considerado o mais sábio de todos os discípulos. Mas nem mesmo ele teve coragem de levar sua resposta diretamente ao mestre. No meio da noite, quando ninguém estava olhando, se levantou feito um ladrão e escreveu sua resposta no muro da comunidade. Escreveu quatro linhas.

Depois de escrever as quatro linhas, saiu correndo sem assinar seu nome no fim, pois achou que as tais linhas poderiam ter

♦ A verdadeira resposta está na percepção interior ♦

vindo das escrituras, afinal. Ele próprio tinha suas dúvidas; por dentro, sabia que não havia experimentado a verdade propriamente dita. Escreveu que a mente é como um espelho no qual a poeira dos pensamentos e as distorções se acumulam. Se removermos essa poeira, conheceremos a verdade.

O que ele havia escrito estava certo. No entanto, ao ver o escrito na manhã seguinte, o mestre gritou:

— Quem foi o louco que estragou o muro?

Até nós diríamos que a resposta está correta, mas o mestre gritou: "Quem foi o louco que estragou o muro?".

O discípulo não havia colocado seu nome no muro. Havia se escondido para que ninguém soubesse que ele havia feito aquilo, pois o mestre havia dito: "Isso é besteira retirada das escrituras. Este homem tirou isso de um ou outro livro".

A notícia se espalhou por toda a comunidade. Até que dois discípulos estavam falando sobre aquilo ao passarem perto do homem que lavava o arroz. Eles diziam:

— Que resposta incrível! Ele escreveu que a mente é como um espelho no qual a poeira dos pensamentos e as distorções se acumulam e, se removermos essa poeira, conheceremos a verdade. Foi uma declaração incrível e ainda assim o mestre diz que é tudo besteira. O que vai acontecer agora? O lugar do mestre vai ficar vago?

O homem lavando o arroz riu. Ninguém nunca o tinha visto rir antes.

Eles lhe perguntaram:

— Do que você está rindo?

Ele respondeu:

— Estou apenas rindo, de nada.

— Mesmo assim, tem que haver alguma razão para você rir.

Ele respondeu:

— O mestre está certo. O homem arruinou o muro.

Ninguém nunca o havia ouvido falar antes. Eles lhe perguntaram:

— Seu tolo; por acaso você sabe qual é a resposta certa?

Ele respondeu:

— Eu me esqueci como se escreve. Vou lhes ditar e vocês escrevem — disse ele, e continuou. — A mente não é nenhum espelho;

♦ Três passos para despertar ♦

como a poeira iria assentar? Aquele que conhece a verdade, conhece a verdade. Escrevam isso aí.

O mestre veio correndo e caiu a seus pés. Ele disse:

— Eu estava esperando por este dia. Você era minha única esperança.

♦

Este é um homem que alcançou a samádi. Aqueles que estão interessados nas escrituras passam a vida lendo-as. Aquele homem alcançou a iluminação.

Há apenas um samádi, para o qual, pouco a pouco, os pensamentos devem cessar. A mente, pouco a pouco, deve desaparecer. O que resta após o desaparecimento da mente é a verdade. No momento em que você se choca com a verdade, você imediatamente alcança a iluminação. Não importa onde você começou e como chegou até ali. A essência do samádi é apenas essa, que a mente e os pensamentos estejam vazios. O que sobra é a alma, a verdade, a iluminação. Você pode chamar do que quiser. Nomes não fazem a menor diferença.

OSHO,
Iluminação, realização verdadeira e realização divina são a mesma coisa?

São absolutamente a mesma coisa. Se vocês perguntarem aos sábios, eles dirão que são coisas totalmente distintas. Você diz "Deus". Um jaina diz que Deus não existe.

Você diz "alma". Os budistas perguntam: "Que alma? Não existe esse negócio de alma".

Você diz "verdade". Alguém diz: "Verdade? Não há como descrever o que é a verdade".

Alma, verdade e Deus parecem conceitos distintos. "Aquilo que é" não possui um nome. Um nome é apenas um arranjo improvisado. Você pode dar o nome que quiser.

Você acha que o nome que você tem é seu? Você acha que o nome de algo é o próprio nome daquilo? O nome foi dado àquilo. Foi colocado naquilo. É só um arranjo improvisado. Se alguém o chamar de Rama, se seus pais lhe derem esse nome, você se torna

◆ A verdadeira resposta está na percepção interior ◆

Rama. Você acha que, então, seu nome é Rama? Você nasceu com um nome? Você vai morrer com um nome? É apenas um rótulo que colocaram em você. É um rótulo de péssima qualidade; ele não tem uma cola muito boa. Se você der um puxãozinho, ele sai. E sai sem dificuldade; se quiser, você pode ir à Justiça, pagar algumas rúpias e mudar de nome.

Um nome não tem significado nenhum. Ninguém tem um nome. Somos todos sem nome. O nome é uma invenção humana. A humanidade inventou algumas coisas, uma delas é o nome. É a mais perigosa das invenções, mas é muito necessária, portanto, tem que ser usada. Ninguém tem um nome; como a totalidade, a existência do mundo todo, pode ter um?

Damos nomes aos nossos filhos. Existe algo errado com nossas mentes; elas têm mania de dar nome a tudo. Hoje em dia, damos nomes até às nossas casas. É um velho hábito. Damos nomes aos nossos filhos, às casas, às ruas, aos cruzamentos e até aos nossos deuses. Nossa mente tem mania de dar nomes porque, sem um nome, como vamos reconhecer as pessoas? Então, damos a elas qualquer nome. Depois, começamos a brigar por causa de nomes, porque alguém começa a chamar algo por um nome diferente, um terceiro chama aquilo de outra coisa.

É como se uma criança tivesse dois ou três pais que não conseguissem decidir quem é o pai verdadeiro, então cada um dá à criança um nome diferente. Depois, eles começam a brigar sobre qual é seu nome verdadeiro. É nessas condições que Deus também se enquadra. Ele é nosso pai; possui vários filhos e cada filho deu um nome a Ele, e agora eles alegam que o seu nome é que é o verdadeiro.

Não existem nomes. "Aquilo que é" não tem nome. Você pode chamar de verdade, de alma ou de Deus. Os nomes são diferentes apenas porque demos nomes diferentes. Assim, é melhor se dissermos "verdade" ou, melhor ainda, se dissermos "aquilo que é". Se você sentir amor, pode chamar de Deus, pode chamar de alma, mas lembre-se de que, na verdade, isso não tem nome. Se não houvesse seres humanos no mundo, nada teria nome. Nomes são uma invenção do homem.

Os nomes já criaram muitos problemas. Já criaram muitas dificuldades; já geraram muitas dificuldades. Tantas pessoas já

◆ Três passos para despertar ◆

morreram por causa de um nome. Tantos já mataram por causa de um nome. As pessoas começam a lutar porque alguns chamam Deus de Alá e outros O chamam de Rama.

Vocês sabem quantas loucuras já aconteceram por causa de nomes? Se você refletisse sobre o quão louco é isso, ficaria assustado ao perceber que o mesmo mundo que briga por causa de nomes é o mundo que se diz religioso – um mundo louco que luta por causa de nomes!

◆

Certa vez, um amigo estava hospedado em minha casa. Era monge. Pela manhã, ele me disse que queria visitar um templo. Eu perguntei:

— Por que você quer ir a um templo?

E ele respondeu:

— Quero me sentar sozinho e ter um pouco de paz. Quero me lembrar de Deus por um momento.

Eu disse a ele que o templo ficava no meio de um mercado, em um local bastante movimentado e cheio de barulho. No entanto, a igreja era ali do lado, então, seria melhor que ele fosse à igreja. Haveria bastante paz e solidão ali dentro. Não tinha ninguém lá, então, não teria problema.

Ele respondeu:

— Como assim, uma igreja? O que você está dizendo?

Eu disse:

— Exceto pelo nome, qual é a diferença? Se você comprar uma plaquinha amanhã, pode tirar a placa na qual está escrito *Igreja* e colocar outra escrito *Templo*, e será um templo. Afinal, é só um prédio. O nome faz alguma diferença?

◆

Outro dia, um amigo meu comprou uma igreja em Calcutá e a transformou num templo. Até o dia anterior, os cristãos frequentavam o lugar, agora nenhum cristão vai mais lá. Agora, os jainas são os novos frequentadores – até o dia anterior, nenhum jaina havia sonhado em pôr os pés ali. Tamanha loucura – um nome! O prédio ainda é o mesmo, as paredes são as mesmas, o chão é o mesmo. É tudo igual, mas agora é um templo; até então

◆ A verdadeira resposta está na percepção interior ◆

era uma igreja. Era a casa de um certo Deus, agora é a casa de outro – como se houvesse muitos deuses.

Nosso apego aos nomes é bem profundo. É infantil, imaturo, como uma criança que fica se apegando às coisas. Pela honra de um nome, sacamos espadas; matamos pessoas e destruímos países, ateamos fogo em tudo, destruímos tudo.

Ninguém neste mundo cometeu tantas atrocidades e foi tão estúpido quanto nós em nome de uma religião; tudo por causa de nomes. Mesmo depois de tudo o que já aconteceu, nossos olhos não se abriram. Mesmo depois de tudo, continuamos bradando nomes e nos apegando a eles. Cometemos incontáveis destruições pela honra de nomes.

Quero que fique bem claro para vocês que um nome é algo absolutamente ilusório. Um nome não significa nada. Enxergue a verdade, não o nome. Do contrário, você vai ficar preso no nome e não vai conseguir ver a verdade. Abandone o nome e veja qual é o significado daquilo. É por isso que eu uso todos os nomes simultaneamente aqui. Utilizo expressões como "uma visão de Deus", realização própria, ou "encontro com a verdade", para que as pessoas que utilizam diferentes nomes possam compreender que estou falando da mesma coisa. Se eu disser "uma visão de Deus", algumas pessoas vão inferir que pertenço à religião hindu e assim por diante. Se eu disser realização própria, algumas pessoas ficarão em dúvida sobre a qual religião eu pertenço, já que não menciono Deus.

Estou utilizando todos os nomes simultaneamente de propósito, para que vocês compreendam. "Aquilo que é" não tem nome. Você tem apenas que pensar sobre ele, experimentá-lo, adentrá-lo, para poder compreendê-lo. Abandone os nomes e tenha consciência do inominável. Esteja atento àquilo que não tem nome. Desperte para aquilo que não tem forma. Traga sua consciência para o que não está confinado a nenhum lugar, que não conhece barreiras nem limites, que não tem nome nem forma. Apenas é; se você chama de Deus, de alma ou de verdade, não importa.

OSHO,
Por que a mente peca e quem é o pai do pecado?

◆ Três passos para despertar ◆

Vai ser meio difícil explicar isso a vocês. Na verdade, o único pai do pecado é você. Como alguém mais pode sê-lo? Embora você sempre sinta que ele é dos outros. Você quer que eu diga que o pai do pecado é o outro. Mas é você – e, ao dizer que é você, quero dizer que é só você. Não é o seu vizinho. Estou falando diretamente com você e não com a pessoa sentada ao seu lado.

Por que nós pecamos? A verdade é que ninguém neste mundo comete pecados. O pecado acontece. Não se pode cometer um pecado nem ter uma virtude. A virtude acontece e o pecado também.

É preciso que vocês entendam isto. Geralmente, dizemos que tal e tal pessoa são pecadoras e aquelas outras não fazem coisas boas. Isso nos dá a impressão de que todas essas ações estão nas mãos dos homens; se alguém quiser, passará a fazer boas ações e, se quiser, pecará. Quando cometeu um pecado, você pensou que aquilo estava nas suas mãos e, se quisesse, poderia tê-lo evitado? Se estava nas suas mãos, por que você não parou? No momento em que você fica nervoso, consegue perceber que a opção de não ficar nervoso está nas suas mãos? Quando um homem assassina alguém, você acha que ele tinha o poder de não fazer aquilo? Você acha que, se ele tivesse opção, ainda assim seguiria em frente e cometeria o assassinato?

Não é assim que eu vejo. Se o homem estiver inconsciente, ele irá pecar. O pecado é um resultado natural da inconsciência. Ninguém comete um pecado; o pecado acontece na inconsciência. É por isso que, na minha cabeça, não se condena alguém que pecou.

Quando alguém diz que uma pessoa cometeu um pecado, a verdade é que essa pessoa gosta da sensação de condenar alguém. Todos os monges e as pessoas honradas deste mundo gostam de chamar os outros de pecadores. Quanto mais eles reforçam que os outros são pecadores, mais reconhecem a si mesmos como virtuosos. Por isso a condenação é tão sedutora. Condenar outrem, dizer que comete pecados e, portanto, é um pecador. A fim de esconder o próprio mar de pecados no qual está se afogando, uns seguem gritando na cara dos outros, dizendo que isso e aquilo é pecado, que certas pessoas pecam e que todos devem se proteger dos pecados.

♦ A verdadeira resposta está na percepção interior ♦

Quando alguém começa a gritar que as pessoas não devem pecar, você pensa que pelo menos aquela pessoa não deve ser pecadora. Se alguém cometer um roubo e ele mesmo começar a gritar que foi roubado, a gritar "Pega ladrão!", você certamente não vai pegá-lo. Ele está gritando para pegarem o ladrão, então, certamente, o ladrão não pode ser ele. Ele mesmo está dizendo que foi roubado e que há um ladrão à solta, assim, quem virá atrás dele? As pessoas vão deixá-lo em paz. Os astutos ficam gritando para os outros que esse e aquele são pecadores. Mas eles próprios são os pecadores e todas essas ações são pecados.

Pois eu digo a vocês que ninguém peca. O pecado acontece. Quando digo que ele acontece, o que quero dizer é que existe um estado mental que é inconsciente. Existe um estado de nossa mente no qual ela não é consciente. Não temos nenhuma consciência daquilo que estamos fazendo. Algumas ações simplesmente acontecem por meio de nós. Tente se lembrar de um dia em que estava nervoso, você mesmo provocou aquilo? Foi de propósito? Você decidiu ficar nervoso? Você quis ficar nervoso naquela hora? Você não fez nada. De repente, estava nervoso.

♦

Certa vez, um místico estava passando por um vilarejo. Ele estava passando por um mercado no qual havia alguns inimigos seus. Eles o pegaram e começaram a maltratá-lo terrivelmente. Estavam muito nervosos com ele e o insultaram muito. Depois de o terem maltratado e insultado, o místico disse:

— Amigos, venho aqui amanhã novamente para lhes dar uma resposta.

Os inimigos ficaram muito surpresos com aquilo. Eles o haviam tratado muito mal, insultado e proferido palavras terríveis contra ele e o homem lhes estava dizendo: "Amigos, venho aqui amanhã novamente para lhes dar uma resposta".

Eles perguntaram:

— Você está louco? Estamos abusando de você, insultando-o; pode-se responder a abusos e insultos no dia seguinte? Seja lá o que você tiver que fazer, faça agora.

O místico disse:

♦ Três passos para despertar ♦

— Eu nunca faço nada inconscientemente. Sempre uso minha inteligência; pondero sobre as coisas. Vou pensar e, se achar que é necessário ficar com raiva, expressarei minha raiva. Se não achar que é necessário, não o farei. É possível que o que vocês estão dizendo esteja certo. As coisas que estão dizendo sobre mim podem ser verdadeiras. Nesse caso, não virei. Direi: "Está certo, o que eles estão dizendo está certo". Nesse caso, vou encarar tudo como uma descrição de meu caráter e não como uma condenação. Vocês disseram a verdade. Se eu entender que é necessário ficar com raiva, então, ficarei com raiva.

Eles responderam:

— Você é um homem muito estranho. Alguém já conseguiu ficar com raiva depois de pensar sobre ela? A raiva só aparece quando não pensamos, na ausência de atenção plena. Não se experimenta nenhuma raiva depois de se ter pensado sobre ela.

♦

Não é possível cometer um pecado depois de se ter pensado sobre ele. Nenhum pecado pode ser cometido conscientemente, quando a pessoa está consciente. É por essa razão que nunca digo que se comete um pecado; digo que ele acontece. Vocês dirão: "Para nós isso não ajuda em nada. Se o pecado acontece, o que devemos fazer? Se a raiva acontece, o que devemos fazer?". O que posso lhes dizer?

Um assassino diria: "O que posso fazer? O assassinato apenas acontece". É verdade. Não há dúvida de que ele acontece. Nesse nível, não lhe cabe fazer nada. Quando um pecado acontece, é uma indicação de que a alma está adormecida. No nível do pecado, não se pode mudar nada; você não pode fazer nada e não há nada que possa ser feito. É apenas uma indicação de que a alma está em sono profundo. Se o pecado está do lado de fora, isso indica que a alma está dormindo do lado de dentro. É uma questão de despertar a alma. Não é questão de mudar o pecado; mas sim de despertar a alma. O que pretendo ensinar aqui é o que fazer para despertar a alma. Quando a alma estiver desperta, você vai perceber que o pecado desaparece e, em seu lugar, a virtude se apresenta.

A virtude também acontece, ela não pode ser criada. Dizem por aí que Mahavira perdoou as pessoas que o apedrejaram. Mas

◆ A verdadeira resposta está na percepção interior ◆

o que dizem é mentira. Mahavira pode perdoar? Mesmo que o perdão aconteça, ele não pode ser feito. Mahavira está em um estado consciente. Alguém lhe acerta uma pedra, alguém o insulta, mas dentro dele só há perdão. Onde esse perdão é feito? Com você, a raiva acontece; com Mahavira, acontece o perdão. O perdão exala dele, não é ele quem o cria.

Se você atirar uma pedra em uma árvore repleta de flores, as flores caem; se você atirar uma pedra em um espinheiro, os espinhos caem. O que existir ali irá sair, o que existir ali cai. Mahavira só tem amor dentro de si e nada mais. Se você gritar insultos contra ele, o que ele vai fazer? Ele irá retribuir com amor. Ele pode dar apenas aquilo que tem. Só sai de alguém aquilo que ele tem por dentro.

Na vida, as coisas emanam, elas acontecem. Elas não são feitas. Aqueles que dizem que Mahavira os perdoou estão dizendo algo absolutamente falso. Quem diz que Mahavira praticava a não violência está dizendo algo absolutamente falso. Aqueles que dizem que Buda era compassivo estão mentindo. Eles não fizeram nada; as coisas aconteceram. Eles estão em estado consciente, no qual só a compaixão consegue fluir.

Uma multidão crucificou Cristo. Quando ele estava na cruz, perguntaram-lhe se ele tinha um último desejo. Cristo disse: "Pai, perdoai-os, eles não sabem o que fazem". Você dirá que Cristo era um homem muito compassivo. Não, aquilo era a única coisa que ele poderia ter feito. Cristo estava em tal estado de consciência que só aquilo poderia ter saído de dentro dele; não poderia ter sido diferente.

Vocês compreendem o que estou dizendo? Não é a ação que tem valor; é o seu ser, o seu estado interior que tem valor. Se você começar a se apegar às ações, vai ficar andando em círculos. Você pensa: *Preciso mudar minhas ações. O que estou fazendo é pecado; devo mudar e fazer o que é certo.*

Você não pode fazer nada. Alguém cuja consciência está adormecida jamais poderá agir com virtude. Como eu disse anteriormente, talvez vocês pensem que um homem cuja consciência está adormecida realizou um ato virtuoso quando a multidão disse que ele construiu um templo. Essa afirmação é completamente falsa. Por estar com a consciência adormecida, esse homem não

Três passos para despertar

construiu um templo de verdade; construiu apenas um memorial para seu pai ou para si mesmo. Ele não construiu um templo. Que relação ele tem com um templo? Por sua consciência estar em estado de dormência, não interessa o que ele tenha construído; nesse estado, pecados vão acontecer.

A meu ver, tudo o que um homem inconsciente faz é pecado. Minha definição de pecado é tudo aquilo que é feito por alguém inconsciente. E o que acontecer com um homem consciente é virtude. Mesmo quando um homem inconsciente tenta imitar a virtude, isso também configura um pecado. Da mesma forma, se algum ato de alguém desperto lhe parecer pecaminoso, não tenha pressa em julgá-lo; mesmo esse ato será uma virtude – é uma virtude. O pecado não pode acontecer por meio desse homem. Não há meio de ele cometer um pecado.

Talvez vocês compreendam meu ponto de vista. Não no nível do pecado e da virtude, mas no nível da consciência – de uma consciência adormecida e uma desperta, de uma alma desperta e de uma adormecida, de uma alma inconsciente e uma alma consciente –, toda a questão está nesse nível. Em ambas as situações, somos nós os responsáveis, não pelos atos, mas pelo estado de nossa consciência. Entendam a diferença. É preciso causar a mudança em um nível mais profundo. Na superfície, nenhuma mudança ocorre. Não há mudança no nível da ação; ela acontece na raiz do ser, no nível da alma.

É por essa razão que, quando alguém diz que determinada ação é pecado e outra é virtude, eu fico surpreso. Ações não são boas ou más. A mesma ação pode ser pecado ou virtude. Isso acontece quando há diferença na consciência, quando toda a consciência é distinta, quando uma consciência desperta age da mesma maneira que uma consciência adormecida. A ação é igual, mas, por haver essa diferença no nível da consciência, uma é pecado e uma é virtude.

Ações não são pecaminosas ou virtuosas, e sim o estado da mente. O que deve ser considerado é o estado da mente. É preciso prática. Só ali é que pode haver uma revolução, uma transformação, uma mudança.

No nosso nível, apenas pensamos que determinada ação é pecado e outra é virtude. Um pecador pensa: *Deixe-me fazer*

♦ A verdadeira resposta está na percepção interior ♦

algo virtuoso, uma caridade, para que possa me tornar alguém honrado. Ele peca dia e noite e então, um dia, constrói um templo. E aí ele pensa: *Fiz algo virtuoso.* Peca dia e noite e depois toma banho nas águas sagradas do Ganges. E pensa: *Fiz algo santificado.*

♦

Uma vez, perguntaram a Ramakrishna:

— Se eu me banhar nas águas sagradas do Ganges, meus pecados serão lavados?

Ramakrishna era uma pessoa muito simples e visionária. Ele pensou: *O que dizer? Se eu disser que não, estarei condenando o Ganges. Por que condenar o Ganges a troco de nada? Se eu disser que sim, este homem desonesto vai achar que basta tomar um banho no Ganges e estará livre de todos os pecados – como se tivesse feito algo virtuoso.* Ramakrishna era um homem muito simples. Ele perguntou a si mesmo: *O que eu faço? Estou em uma situação difícil.*

E acabou dizendo ao homem:

— Irmão, certamente lavam-se os pecados no Ganges, pois o Ganges é um rio sagrado. Os pecados são lavados, mas pulam nas árvores à beira do rio e ficam ali. Quando você sai do Ganges pulam de volta em você. Afinal, você terá que sair do rio em algum momento. Você vai ter que sair, por quanto tempo consegue ficar dentro do rio? Enquanto estiver lá dentro, está salvo. Mas, assim que sair de lá, eles pularão de novo em você. Pense no que acontecerá quando você sair do rio.

Não há como ser virtuoso tomando banho no Ganges; ou construindo um templo; ou fazendo caridade; ou prestando algum serviço social; ou construindo um hospital; ou abrindo uma escola; ou fazendo isso e aquilo. Todas essas coisas não são virtudes porque o seu estado mental é o de um pecador. Todas as ações que saem de sua mente são pecaminosas. Fingir não faz nenhuma diferença.

Pode acontecer de um homem cujo estado mental foi transformado agir de alguma maneira que, para você, pareça incorreta.

♦

Gandhi envenenou um bezerro. O país inteiro, que sempre pregou a não violência, ficou chocado e o acusou de ter cometido um pecado. Com certeza, se você pensar sobre isso, envenenar um bezerro é pecado. Há alguma dúvida? Por que Gandhi o matou? Afinal, Gandhi era tão inteligente quanto você. Ele também sabia que aquilo era pecado. Ele era ao menos tão inteligente quanto você. Gandhi era ao menos tão inteligente quanto aqueles que disseram que ele havia pecado. Qual era o problema?

O ato de Gandhi não foi pecado, embora definitivamente tenha parecido que sim. Foi um ato de amor. As pessoas disseram a Gandhi que, se ele desse veneno ao bezerro, o país inteiro iria se opor. Ele estaria cometendo um pecado, portanto, iria para o inferno. Gandhi disse que não se importava em ir para o inferno; o amor lhe disse que aquele bezerro estava com muita dor e que não poderia ser salvo, então Gandhi tomou para si a responsabilidade de sacrificá-lo.

— Ele está com muita dor; eu não consigo suportar vê-lo com tanta dor, então serei responsável pela morte dele. Certamente é um pecado pelo qual eu quero ir para o inferno. Pelo menos o bezerro estará livre de tanta dor.

◆

Sua não violência não é capaz de compreender o tamanho do amor de Gandhi. Sua não violência dirá: "Do que você está falando?".

◆

Krishna disse a Arjuna que ele não deveria ter medo de matar. "Ninguém morre ou mata. Ninguém morre. Mesmo quando você acerta alguém com uma espada, a espada não é capaz de penetrá-lo".

O que Krishna diz é a pura verdade. No entanto, se você pensar sobre isso, vai se perguntar o que é que ele está dizendo. Se você matar alguém, esse alguém não vai morrer? Se você matar, isso não é pecado? O que Krishna está dizendo é que ninguém morre. Essa ideia de que você está matando alguém é loucura, é ignorância, é tolice. Isso não significa que você deva matar alguém. Mas, naquele nível de consciência, tudo é diferente. Mesmo que Krishna mate alguém, não será um pecado.

◆ A verdadeira resposta está na percepção interior ◆

No entanto, se sua ajuda resultasse na cura de dez doentes, seria pecado se, depois de curá-los, você fosse correndo a um jornal e dissesse para eles imprimirem seu nome: "Eu curei dez pessoas". A questão não é o que você fez, a questão é o que você é.

Reflita sobre isso: o que você é? Se sua consciência estiver adormecida, todas as suas ações são pecados. Se ela estiver desperta, nenhuma ação é pecado: uma ação que parte de alguém que está desperto é virtuosa, e uma ação que parte de alguém que está adormecido é pecado.

◆

Há mais algumas perguntas:

OSHO,
Eu sei que existe um conflito dentro de mim. Eu quero eliminá-lo, mas não tenho paciência. O que devo fazer?

A primeira coisa é: imagine que alguém está no meio de um incêndio e nós dizemos a ele para sair dali, do contrário ele irá se queimar. Se ele responder: "Eu sei que estou em um incêndio, mas minha mente não quer sair daqui", o que diremos a ele? Ele diz: "Eu sei que está pegando fogo, mas minha mente se recusa a sair".

Se este prédio pegar fogo, você virá me dizer: "Eu sei que o prédio está em chamas, mas minha mente não está com vontade de sair daqui"? Não. Você não vai deixar de correr para vir me perguntar nada. Ninguém vai parar para perguntar nada para ninguém. Ninguém vai ficar no prédio; todos irão sair imediatamente.

Você diz que está em conflito, mas acho que ainda não está. Do contrário, não conseguiria nem fazer essa pergunta; você pularia fora dele. Você não está em conflito. Sim, quando alguém diz que está tendo um conflito interno, você começa a achar que talvez também esteja tendo um. As pessoas pregam, os livros dizem, os filósofos dizem, e então você começa a achar que existe algum conflito. Você consegue senti-lo. Se sim, quem o está gerando? Se sim, quem o está criando dia após dia? Se consegue senti-lo, quem o impede de sair dele?

◆ Três passos para despertar ◆

Você diz que não tem paciência, mas tem vontade. Na verdade, você não sabe qual é seu conflito interno. Você já observou seu interior ou apenas leu sobre ele nos livros? Você já se encarou e reconheceu o que existe ali? Ou você apenas construiu uma imagem de si mesmo e pensa que é isso que significa compreender-se a si mesmo?

Dentro de cada um existem pelo menos três personalidades. Uma é o que ele realmente é, sobre a qual não sabe nada. A segunda é o que ele pensa que é. A terceira é o que quer que as pessoas achem que ele é. Cada indivíduo é dividido nesses três níveis. O primeiro é onde ele realmente está, mas não tem consciência disso. O segundo é onde ele acha que está. O terceiro é onde ele quer que acreditem que está. Assim, cada indivíduo está dividido em três níveis.

O verdadeiro é quem você realmente é. Você acha que é humilde, mas tem um ego enorme por dentro. Você acha que é muito religioso, mas no interior está cheio de irreligiosidade. Você se acha alguém que faz muita caridade, mas por dentro só deseja que os outros lhe sirvam. Você realmente é a pessoa que acha que é? Se ficar preso à pessoa que acha que é, jamais vai saber quem você é de verdade.

Antes de se conhecer, um homem precisa desnudar-se; ele precisa tirar as roupas. Não vestimos roupas apenas do lado de fora, as vestimos também do lado de dentro, em nossa mente. Não temos medo de ficar nus apenas por fora, também temos muito medo de nos desnudar por dentro. Temos muito medo de nos vermos nus, de nos vermos como realmente somos. Não devemos nos ver dessa maneira, ou teremos medo de nós mesmos. Então vestimos várias máscaras e nos enfeitamos de muitas maneiras; fazemos de tudo para evitar encarar nosso eu verdadeiro.

Antes de querer conhecer-se a si mesmo, é preciso tirar todas as roupas. É preciso tirar as máscaras e as caras que você se colocou. Só então vai conseguir se ver e se reconhecer. E, a partir daí, não demora muito para que você saia do seu conflito interno, da inquietude, da ansiedade e do choque que você sente por dentro. Nesse momento, sair do conflito não é mais um problema, é bem fácil, na verdade, pois foi você que o criou. Ninguém além de você

◆ A verdadeira resposta está na percepção interior ◆

o criou. Portanto, você verá com clareza todos os motivos pelos quais aquele conflito existe e vai parar de nutri-los.

Se eu perceber que há um espinheiro crescendo em minha casa, cujos espinhos estão se espalhando por toda parte, e continuar o regando e adubando, além de cercá-lo para que nenhum animal possa comê-lo, e os espinhos continuarem crescendo e intoxicando toda a casa, crescendo e se espalhando por toda a casa, isso vai me causar um problemão... Se eu, então, sair e contar para alguém que estou com um grande problema, pois há um espinheiro crescendo e se espalhando por toda a minha casa... se essa pessoa vier à minha casa e me vir regando o espinheiro, adubando-o, cercando-o para que nada de mau aconteça a ele, o que você acha que ela vai dizer? Ela vai perguntar: "Qual é o seu problema? O que você está fazendo? Você está louco? Você continua nutrindo diariamente os espinhos dos quais está reclamando".

Nós não temos essa consciência; condenamos os espinhos, mas não temos consciência de que também estamos nutrindo as raízes. Não sabemos disso porque nunca traçamos o caminho que vai do espinho até a raiz. Se pegássemos os espinhos e os examinássemos por dentro, veríamos suas raízes e pararíamos de regá-las. E, por fim, quebraríamos a cerca; deixaríamos de regar e adubar o espinheiro até que ele secasse e morresse. Não haveria mais raízes nem espinhos. Os espinhos estão nos espetando e não sabemos nada sobre suas raízes.

Olhe para dentro da sua mente. Quando encontrar um conflito, adentre-o, olhe dentro dele e veja onde ele está.

◆

No dia em que cheguei aqui, um jovem foi me visitar e contou que sua mente estava muito tensa. Ele me pediu que eu lhe ensinasse um meio de fazer com que sua mente ficasse em paz.

Perguntei:

— Por que você quer que ela fique em paz?

Ele respondeu:

— Eu vou fazer uma prova de admissão para o Serviço Administrativo Indiano e quero passar em primeiro lugar. Preciso ficar calmo para poder passar em primeiro.

Eu disse:

— Olha, se você continuar regando a raiz e evitando os espinhos, vai ser difícil. Onde existe competição, existe tensão. Você diz que não quer ficar tenso, mas quer chegar na frente dos outros. Isso é muito complicado; é contraditório. Só aquele que quer chegar em último, que não se importa de chegar na frente consegue ficar em paz. Do contrário, precisa escolher a tensão. Por que você está preocupado? Quando você deseja ser o primeiro, a tensão acontece; tem que ser assim. Aceite que você está tenso, vá em frente e compita. Se você quiser competir, mas também quiser ficar em paz para poder competir, existe um problema.

Cristo disse: "Abençoados aqueles que têm a coragem de ser os últimos" – a coragem de ser o último –, "benditos sejam, pois, aos olhos de Deus, eles serão os primeiros". A questão é que são muito poucos aqueles que têm coragem de ser os últimos. Pouquíssimas pessoas têm essa coragem. Não há nada de mais na coragem de ser o primeiro. É normal; todo mundo quer ser o primeiro. Não há nada de glorioso na coragem de ser o primeiro. Não é preciso muita coragem para ser presidente de alguma nação. É algo bastante trivial, na verdade. Todo mundo quer ser alguma coisa. Qualquer um gostaria de ser presidente. Afinal, alguns homens comuns se tornam mesmo presidentes. Não há nenhum valor nisso. O valor está em quem tem coragem de ser o último, pois é raro quem consiga fazer isso. Cristo disse: "Abençoados aqueles que têm a coragem de ser os últimos. Aos olhos de Deus, eles serão os primeiros".

Eu disse àquele jovem:

— De um lado, você está em uma competição e a está nutrindo, e, de outro, você diz que quer ter paz. Você não sabe que o espinho da perturbação está enraizado na competição.

◆

Conto isso como um exemplo. Vá para dentro da sua mente. Olhe lá dentro; compreenda sua mente. Sempre que encontrar alguma dificuldade, vai perceber que é você quem está por trás dela, regando-a. Ao perceber que é você quem a nutre, então ela estará nas suas mãos. Se quiser ter mais espinhos, continue regando; se não quiser, pare. Você não precisa aceitar a decisão de

◆ A verdadeira resposta está na percepção interior ◆

outrem; a decisão é sua. Se você conhecer bem seu mundo interior, não haverá necessidade de perguntar a outra pessoa.

Por não nos conhecermos, perguntamos aos outros. Queremos manter as raízes e nos livrar dos espinhos. Isso gera conflitos e tensões. Ninguém tem nenhum problema real. O que existe é uma única dificuldade: ninguém se conhece totalmente por dentro. É uma via de mão dupla. Você quer remover os espinhos e, simultaneamente, aguar as raízes. Quer cultivar boas qualidades, mas nunca tenta entender onde estão as raízes dessas boas qualidades. Quer colar as boas qualidades a partir do lado de fora. Quer acabar com hábitos ruins, mas não examina quais são as raízes desses hábitos, e continua regando-as.

Quanto mais você apara do lado de fora... Você precisa saber – até o mais simples dos jardineiros sabe disso – que qualquer coisa que você apare cresce mais forte. Você apara por fora e deixa a água escorrer por baixo. Tudo isso o leva ao desconforto. Aos problemas e conflitos.

Por favor, tente entender que ninguém pode ajudá-lo, ninguém pode ensinar-lhe um mantra ou lhe entregar um amuleto da sorte para você amarrar no pulso e se sentir em paz. Começar a cantar "Rama, Rama" também não vai lhe trazer paz, nem ir ao templo e acender umas velas ou fazer algum ritual e adorar o seu deus. Viajar também não vai ajudá-lo; entregar uma vaca à caridade também não. Nunca caia nesse tipo de loucura. Ninguém pode encontrar a paz dessa maneira. Para ficar em paz, você precisa dissolver todas as suas contradições internas. Essa é a verdadeira disciplina espiritual. Mudanças superficiais como doar roupas, tingi-las de cores nobres ou coisas do tipo não devem ser consideradas práticas espirituais. Ninguém fica em paz fazendo essas coisas, tampouco se alcança qualquer pureza de consciência dessa maneira.

Para que os verdadeiros problemas da vida sejam resolvidos, não pense em fugir deles. Resolva-os, reconheça-os, adentre-os, saiba o que eles são e vá fundo neles até encontrar a raiz. Isso é ciência. É assim que se transforma a vida; é assim que elevamos a vida. Se encararmos o problema, o reconhecermos e chegarmos até sua raiz, a transformação terá início. Então a decisão estará clara. Se você quiser ficar com os espinhos, regue-os; se

◆ Três passos para despertar ◆

não quiser ficar com eles, pare de regá-los. Simples assim. Tão simples quanto isso.

Vai ser necessário algum esforço. Você terá que fazer algum esforço para voltar-se para dentro. Será preciso ter coragem para olhar para dentro. As pessoas têm mais medo de olhar para dentro de si do que de viajar a lugares desconhecidos, e existe uma razão para esse medo. Você usa uma máscara. Conforme vai olhando mais fundo dentro de si, toda a sua estrutura desaba e a pessoa que você encontra ali é assustadora.

Alguém se diz um homem santo e, à sua volta, todos creem que ele de fato o é. Como ele pode olhar para dentro de si? Se o fizer, vai encontrar o Diabo, então começa a ficar preocupado. Como olhará para dentro? Se olhar, vai encontrar um pecador ali – e, por fora, é um homem santo. Ele decide, portanto, que deve esquecer essa história de olhar para dentro de si. Precisa ficar apenas do lado de fora e deixar o tempo passar. Ele arruma maneiras de permanecer do lado de fora.

Essa é a razão pela qual todos nós achamos maneiras de permanecer do lado de fora. Não olhamos para dentro porque, quando tentamos, tivemos medo. Mas, se quisermos mesmo acabar com o conflito interno, temos que ir para dentro desse conflito.

Acredito que o que estou dizendo deva ter ficado claro para vocês. Se tiverem qualquer dúvida sobre isso, vou discorrer sobre elas pela manhã.

Recebi muitas perguntas, algumas ficaram sem resposta. Algumas perguntas precisam ficar sem resposta, pois quem sou eu para responder todas as perguntas? Ninguém pode responder todas as perguntas. Mesmo quando respondo suas perguntas, vocês não devem achar que a questão está resolvida. Estou apenas compartilhando meu ponto de vista. Talvez vocês o compreendam.

Perguntas e respostas em si não têm tanto valor assim. Uma pergunta é uma pergunta, e uma resposta é uma resposta. Por si sós, elas não valem tanta coisa, mas o conhecimento por meio do qual eu dou a resposta vale. Não se apeguem à resposta; prefiro que vocês atentem à ideia, ao ângulo, ao viés por meio do qual eu enxergo a vida. Se vocês tiverem um vislumbre desse conhecimento, significa que encontraram a resposta – não

♦ A verdadeira resposta está na percepção interior ♦

apenas à questão que eu respondi, mas também àquelas que deixei de responder.

Se você não compreender meu ponto de vista, então é melhor que elabore por si só uma resposta em meu nome. Isto aqui não é uma escola na qual se entrega as perguntas às crianças para que elas elaborem e escrevam as respostas. Na verdade, elaborar respostas e passá-las ao papel não é nem educação de verdade. É uma falsa educação – mas vamos deixar esse assunto de lado por enquanto.

Na vida, não se pode aprender as respostas, você consegue apenas entender pontos de vista. Todo o meu esforço aqui não é para lhes dar uma fórmula pronta que vocês possam memorizar. Nesse caso, eu estaria me contradizendo, pois isso é exatamente o contrário do que estou dizendo. Você já sabe um monte de fórmulas prontas. Abandone-as. Tente abordar a vida de um jeito diferente. Se você conseguir alcançar uma percepção dessa qualidade, não será a minha resposta, mas a sua percepção que lhe responderá. A verdadeira resposta é aquela que vem da nossa própria percepção interior. Todas as demais são inúteis.

Creio que vocês entenderam o que eu disse. Vocês estão me ouvindo com tanto amor. Algumas das coisas que falei podem ser difíceis de engolir. Na verdade, não algumas, mas a maioria delas. Mesmo assim, vocês me ouviram com amor; isso mostra a sua compaixão por mim. Ouvir até mesmo as partes difíceis que falei com tanto amor mostra o carinho que vocês têm por mim. Em outros tempos, as pessoas teriam me atirado pedras ou qualquer coisa ainda pior. O mundo está um pouco melhor e o homem também; ele ouve com amor. Isso é muito gentil.

A existência é muito amável por tornar o mundo um lugar melhor agora. Do contrário, teria sido difícil dizer até essas coisas; vocês teriam me agarrado pelo pescoço. Quando se mostram tão carinhosos comigo, eu lhes fico muito grato. Vocês ouviram até mesmo as piores partes em silêncio. Pelo amor à existência, reflitam sobre elas, ainda que brevemente. Nunca acreditem nelas; pensem nelas e tentem compreendê-las. O dia em que essa abordagem passar a fazer sentido para vocês será o dia em que uma porta se abrirá dentro de cada um. Essa porta será sua. Ela não será minha. Nesse instante, vocês verão algo que é seu, não meu.

Estou dizendo tudo isso na esperança de que talvez alguém, em algum lugar, esteja pronto, e algo se abra dentro dele. Algum nó se afrouxe um pouco; isso também seria bastante significativo.

Por favor, aceitem minha gratidão e meus cumprimentos ao divino que existe em vocês.

4

A mente vazia

Hoje, vamos discutir o esvaziamento da mente. O que conhecemos como vida não é vida. O que acreditamos que seja vida – nós vivemos e, então, morremos – não é vida. Pouquíssimas pessoas têm o privilégio de experimentar a vida. Para aqueles que são capazes de experimentá-la, a morte não existe. Enquanto existir a morte e o medo da morte, enquanto você sentir que tudo terá um fim, que será aniquilado, saiba que você é um dos que não conheceu a vida, não teve contato com ela – não a experimentou.

Eu gostaria de começar nossa conversa de hoje com uma história breve. Já a contei muitas vezes e para várias pessoas de todos os cantos do país, ainda assim quero contá-la de novo porque acho que existe algo nela que todos precisam saber.

◆

Jesus Cristo estava em peregrinação. Ele compartilhava com os outros tudo o que tinha. Está na natureza da felicidade compartilhar incondicionalmente tudo aquilo que se possui. O sofrimento causa encolhimento e a felicidade causa expansão. Quem sofre deseja recolher-se a si mesmo; quem é feliz quer contar para todo mundo, contagiar a todos. Por isso, chamamos a felicidade de *brahman*. O sofrimento é o ápice do ego; a felicidade é o ápice do altruísmo, do estado de *brahman*, daquilo que está sempre em expansão.

Vocês devem ter reparado que, quando Buda, Mahavira e Cristo estavam sofrendo, exilaram-se em florestas e, ao alcançarem a felicidade, voltaram à comunidade. A felicidade anseia por ser compartilhada, o sofrimento só deseja retirar-se. O so-

◆ Três passos para despertar ◆

frimento quer recolher-se em si mesmo e a felicidade quer se expandir aos outros.

Quando Cristo alcançou a felicidade, ele iniciou sua peregrinação para dividi-la com outros. Em uma manhã, bem cedinho, ele chegou a uma vila. Havia um pescador trabalhando por ali; ele tinha atirado sua rede e estava esperando que os peixes viessem. Aquele homem não sabia quem estava atrás dele. Cristo se aproximou e, colocando a mão sobre seu ombro, perguntou:

— Amigo, olhe para mim. Por quanto tempo você vai ficar apanhando peixes?

Assim como Cristo, eu também gostaria de ter colocado a mão no ombro de alguém e perguntado: "Por quanto tempo você vai ficar apanhando peixes?". Que diferença faz se você está apanhando pães ou apanhando peixes? É a mesma coisa. A maioria das pessoas passa a vida inteira apanhando peixes.

Cristo perguntou:

— Por quanto tempo você vai ficar apanhando peixes?

O homem se virou; ele estava olhando para o lago atrás de si e agora olhava para o homem à sua frente, cujos olhos eram mais profundos que o lago. Ele pensou: *Eu deveria abandonar minha rede neste lago e jogar outra rede dentro destes olhos.* Imediatamente, abandonou sua rede e seguiu Cristo. Ele disse:

— Vou segui-lo. Se houver outra coisa que não seja peixe para apanhar, estou pronto. Vou deixar minha rede aqui e agora e abrir mão desses peixes.

Quem quiser procurar pela religiosidade deve ter tal coragem. Quando chegar o momento, deve abandonar a rede e os peixes.

O homem passou a seguir Cristo. Eles mal haviam chegado aos arredores da vila quando apareceu um homem correndo em direção ao pescador, dizendo:

— Aonde você vai? Seu pai, que estava doente, morreu ontem à noite. Ele acabou de morrer. Você precisa voltar para casa imediatamente. Procuramos você por toda parte.

O jovem pescador disse a Cristo:

— Perdoe-me, preciso voltar para o funeral de meu pai. Estarei de volta em alguns dias.

Cristo segurou-lhe a mão e disse:

◆ A mente vazia ◆

— Venha comigo. Deixe que os mortos enterrem seus mortos. Os mortos desta vila vão enterrar seus mortos. Venha comigo — e continuou —, os mortos, que são a maioria da vila, enterrarão seus mortos. Que motivos você tem para voltar?

◆

Era uma coisa estranha de se dizer; mas também bastante significativa. Certamente, aqueles que não estão em contato com a vida estão mortos. Não sabemos nada da vida. O que chamamos de vida é apenas uma morte gradual. Não é vida de verdade. O que existe entre o dia em que nascemos e o dia em que morremos não é vida; o único nome para isso é morte gradual. Morremos todos os dias. Isso que chamamos de vida é uma morte diária. É uma morte gradual.

A morte não é algo que acontece de repente; ela começa no dia em que nascemos. O dia em que nascemos é também o dia de nossa morte. Começamos a morrer a partir dali. Assim que nascemos, começa nossa morte. E a morte vai crescendo cada vez mais, até que um dia está completa. No dia em que ela se completa, falamos que ela chegou. Mas ela já estava vindo todos os dias; como poderia ter chegado de repente? A morte já estava vindo e um dia se completou.

O nascimento é o início da morte e a morte é a finalização da morte. O nascimento não é o início da vida assim como a morte não é o seu fim. A vida já existia antes do nascimento e vai continuar existindo depois da morte. Aquele que vive apenas entre o nascimento e a morte não está realmente vivo. Só alguém que se conecta com a vida que existe antes do nascer e além do morrer é que está vivo. A verdadeira religiosidade preocupa-se em descobrir a verdade, conectar a pessoa àquilo que nunca nasceu e nunca morrerá.

Falamos sobre os dois passos que levam até essa vida. O primeiro passo, como falei, é se libertar das escrituras, das teologias, e de todos os pensamentos. Uma inteligência que carrega o peso do pensamento dos outros jamais vai conseguir despertar seu próprio poder de pensar. Uma inteligência que acha que o conhecimento dos outros – sejam eles Mahavira, Krishna ou Rama – é o seu próprio conhecimento, nunca foi capaz de reconhecer ou aplicar sua própria riqueza de pensamento.

Foi por isso que eu lhes pedi para se libertarem de todos os pensamentos, independentemente de onde eles tenham vindo. Não importa que tenham vindo de ótimas pessoas, ou de grandes escrituras, ou de excelentes livros; são pensamentos externos. Qualquer pessoa que tentar viver crendo que tais pensamentos são seus será privada de sua capacidade de pensar – uma capacidade que lhe é inerente e que deseja sempre se manifestar. Os pensamentos que vêm de fora não a deixam se manifestar.

Antes que o pensamento próprio de alguém desperte, ele precisa esvaziar-se de outros pensamentos. Antes de conhecer sua própria riqueza de pensamentos, ele precisa estar livre da riqueza de pensamentos dos outros. É natural, é muito natural que, se tomarmos a riqueza de pensamentos dos outros como se fosse nossa, a busca pela nossa própria riqueza vai cessar. Muitas pessoas se perdem tanto nas escrituras, teologias sobre a verdade e doutrinas, que sua própria busca para; ela não resulta em nada.

Lembre-se sempre de que, como falei, se você quiser sair em busca da verdade, terá que fazer isso por si só. Ninguém pode proporcionar uma coisa dessas para o outro. A verdade é intransferível. É algo que não passa de uma mão à outra. Se fosse assim, todo mundo já a teria. A verdade não pode ser dada, é preciso alcançá-la. Precisa-se alcançar a verdade. Ela só vem através do esforço próprio de alguém. Aqueles que acreditam no esforço alheio desperdiçam suas vidas. Não são capazes de alcançar nada. Foi por isso que eu lhes disse para se libertarem dos outros, para que sua inteligência e sua mente sejam livres. Como alguém cuja mente está aprisionada pode ser livre? Falei detalhadamente sobre isso no primeiro passo.

No segundo passo, falei sobre a simplicidade da mente. E essa simplicidade não é a daqueles que vestem menos roupas ou comem menos; nem a dos que renunciam às suas casas e pertences. Simplicidade é algo muito profundo. Não tem muito a ver com esses lugares-comuns. Pessoas muito complicadas, cheias de complexos, com mentes complexas e cabeças duras feito pedra também podem mudar seu estilo de se vestir e de se comportar para um modo muito simples. Elas podem comer menos, usar roupas mais simples e renunciar às suas casas. Mesmo alguém muito complicado pode se impor tais atitudes despojadas. Esse tipo de simplicidade não tem nenhum valor.

◆ A mente vazia ◆

Simplicidade é a mente que se liberta de todos os conflitos, toda fragmentação deve desaparecer para que ela se integre e se torne inteira. Você não deveria ter tantas pessoas dentro de si; um único indivíduo deveria ter nascido dentro de você. Você deveria ser um indivíduo. Você deveria ter apenas uma mensagem dentro de si. Quando existe amor por dentro, não deveria existir ódio. A mente de alguém que carrega amor e ódio lado a lado não pode ser simples. A mente de alguém que possui tanto a paz quanto a tensão não pode ser simples. Se restar apenas um dos dois, a mente pode ser simples. Se restar apenas o tumulto, a mente será simples; se restar apenas a paz, a mente também será simples.

Você sabia que, se alguém estiver tão tenso a ponto de não sobrar nem um restinho de paz dentro de si, uma revolução acontece? Com tanta tensão também há uma revolução. Ao atingir o ápice da tensão, no clímax, tudo desaparece da mente e ela imediatamente fica em paz.

É como lançar uma flecha; você puxa a corda do arco para trás. A flecha deve ser lançada para a frente, mas você a puxa para trás. Parece que você está fazendo o contrário. Pode ser que alguém diga que a flecha deve ir para a frente, mas você a está puxando para trás. Se você tem que atirá-la para a frente, atire-a para frente; por que puxá-la para trás? – mas o arqueiro continua puxando a corda para trás. Até que chega uma hora em que ele não consegue mais puxá-la. Atingiu-se o ponto derradeiro em que a flecha está para trás e é preciso liberar a corda. E a flecha, que havia se movido para trás, começa a mover-se no sentido oposto. Da mesma maneira, se a mente ficar completamente tensa, ao atingir seu ponto máximo de tensão, a flecha é atirada e ela se move na direção da paz.

Benditos aqueles que estão completamente tensos, pois eles encontrarão a paz. Mas nós estamos sempre no meio do caminho; não estamos totalmente tensos. Estamos meio satisfeitos, meio em paz. Esse tipo de mente é medíocre, é difícil; é complexa. Ela tem as duas coisas. Carrega paz e tensão; amor e ódio; e todo o resto também. Essa dualidade não nos deixa mover em direção à verdade. A verdade só pode ser experimentada na vida se a mente ficar em silêncio absoluto.

◆ Três passos para despertar ◆

A revolução acontece nos extremos. Nenhuma revolução acontece no meio. Uma pessoa medíocre está sempre longe da verdade. A revolução acontece nos extremos. Um sofrimento extremo faz um homem parar de sofrer – mas nunca sofremos ao extremo. Esquecemos do sofrimento; achamos uma maneira de explicá-lo.

◆

Após perder o filho, o pai me disse:
— Estou sofrendo muito.
E eu respondi:
— Sofra mais. Sofra totalmente e uma transformação ocorrerá.
— Não — a pessoa respondeu. — Você pode me dizer se a alma do meu filho é imortal ou não?
Eu disse:
— Você está inventando truques para sofrer menos. Se alguém lhe disser que a reencarnação existe – o garoto não está morto, não se preocupe, sua alma é imortal, ele vai renascer em algum lugar –, sua mente ficará em paz. Seu sofrimento será interrompido no meio e nenhuma transformação vai acontecer. Você terá explicação para o sofrimento. Terá dado um jeito de sair dele.

◆

Muitas pessoas perguntam se a reencarnação existe. Elas não perguntam porque estão interessadas em saber sobre a reencarnação. Elas perguntam porque veem pessoas morrendo todos os dias e ficam com medo, pois um dia terão que morrer também. Então, elas perguntam: "Existe reencarnação?". Se você as fizer acreditar que sim, elas vão se ajoelhar a seus pés e lhe dizer que você é uma alma boa, um santo. "Você deixou minha mente em paz."

Quem faz essa pergunta não ficou com a mente tranquila. Ele a comprometeu. Ele poderia ter sofrido confrontando a morte, mas evitou o sofrimento. Tal sofrimento poderia ter resultado em uma revolução. A doutrina da reencarnação não vai gerar nenhuma transformação.

Na vida, sempre paramos no meio. Nunca permitimos que nada chegue ao extremo. Eu digo a vocês: "Se tiverem que ficar

♦ A mente vazia ♦

com raiva, fiquem totalmente com raiva. Observem e, num ataque de raiva total, uma revolução vai acontecer. No momento da raiva total, você vai descobrir que ela desapareceu". Existem pontos extremos de evaporação. É como quando alguém esquenta água: a 100 graus, definitivamente vai haver vapor. Se você parar a 50 graus, a água não vai nem ser como era nem vai ser vapor. Será apenas água morna.

Já falei como a simplicidade surge na vida quando toda a força vital está centrada em um ponto e um estado de não dualidade começa a despontar. Falei sobre como criar uma vida integrada. No segundo passo, expliquei a vocês como isso pode ser feito.

Hoje, gostaria de falar a vocês sobre o terceiro passo. Se a mente que foi libertada e a mente que ficou simples puder também ficar vazia... Com a união de simplicidade, liberdade e esvaziamento, o estado de não mente é alcançado. Como esvaziar a mente? Qual é o significado do vazio? O vazio significa...

Estamos cheios de nós mesmos. Cheios de "eu" e de nosso ego. Estamos obcecados por isso o tempo todo. Procure dentro de si; experimente isso. Existe ego na maneira com que você acorda pela manhã, na forma com que você se veste, na forma como caminha. Quando você constrói uma casa, não é apenas para ter sombra e abrigo, é também pelo seu ego. Você constrói a sua casa para fazer com que a casa do seu vizinho pareça inferior a ela. Você não se veste apenas para cobrir o corpo. Existe ego aí também; você se veste para fazer com que as roupas dos outros pareçam pálidas comparadas às suas. Tudo o que você faz, todos os dias, o tempo inteiro, mostra o seu ego.

Não existem limites. O homem acumula fortuna para exibir seu ego. Afinal, qual outro interesse pode haver no acúmulo de riquezas? Sim, o dinheiro é útil, não se pode negar, mas acumulam-se riquezas a tal ponto que elas passam a ser inúteis.

Ontem mesmo eu estava falando sobre isso...

♦

Um homem muito rico faleceu. Ele era o mais rico da América. Deixou uns três bilhões de dólares para trás. O que se pode fazer com três bilhões de dólares? Certamente o dinheiro é útil – para roupas, comida –, pode ser útil para gerir sua vida.

Mas qual é a utilidade de três bilhões de dólares? Vocês ficarão ainda mais surpresos; ele morreu infeliz porque pensava: *Só três bilhões?* Ele queria era ter dez bilhões.

Seu biógrafo estava com ele em seus últimos momentos e lhe disse:

— O senhor deve morrer um homem muito feliz.

E o bilionário respondeu:

— Feliz? Meu objetivo era ter dez bilhões, mas consegui fazer apenas três. A vida acabou antes que eu pudesse alcançar minha meta.

◆

Tenham certeza de que se ele tivesse conseguido juntar dez bilhões, sua meta teria sido 100 bilhões, e ele teria dito: "Só dez bilhões?". É igual a alguém que possui dez rúpias; ele diz que tem apenas dez rúpias. Quem tem dez bilhões também diz a mesma coisa. Diz: "Só dez bilhões?".

Qual é a utilidade desse dinheiro? Depois de um certo ponto, a utilidade prática do dinheiro acaba e começa a utilidade para o ego. A partir daí, o dinheiro não tem mais nenhuma utilidade prática, ele passa a ser útil apenas para inflar o ego. "Quanto mais eu tenho, maior eu sou." Meu "eu" fica gigante, vasto, forte. O que é a busca pela elevação do status social senão uma busca do ego? O que é o desejo de ser o primeiro na vida senão um desejo do ego? Você vai ficar surpreso em saber que a busca pela riqueza é uma busca egocêntrica e que a busca pela renúncia também é. Se alguém que tem muito doa tudo o que tem, passa a falar a respeito de tudo a que renunciou.

◆

Certa vez, eu estava visitando um monge. De tempos em tempos ele dizia:

— Sabe, eu renunciei a milhões de rúpias.

Depois da terceira ou quarta vez que ele repetiu aquilo, eu lhe disse:

— Posso lhe perguntar quanto tempo faz que você abandonou sua fortuna?

E ele respondeu:

— Faz uns 20 anos.

◆ A mente vazia ◆

Eu fiquei meio surpreso.

— Vinte anos se passaram e você ainda não a esqueceu? Parece que você não renunciou do jeito certo. Qual é a necessidade de se lembrar dela agora? Por que você ainda se lembra de ter renunciado a milhões de rúpias? Você não acha que o ego que lhe dizia que você possuía milhões de rúpias é o mesmo que agora lhe diz que você renunciou a elas? Não será a mesma arrogância, o mesmo ego, o mesmo "eu" que era repleto de dinheiro que agora se gaba por ter renunciado a milhões de rúpias? Se for esse o caso, você desperdiçou os últimos 20 anos. Eles não lhe serviram de nada. Parece que a sua renúncia não aconteceu da maneira correta. Na sua cabeça, você acha que renunciou a milhões de rúpias. Mas esse dinheiro ainda hoje tem muito valor para você.

◆

Que valor pode ter um dinheiro que você não tem? Qual é a utilidade dele? Quer dizer, se um homem carrega um milhão de rúpias consigo, entendemos que talvez aquilo tenha alguma utilidade para ele. Mas o homem diz que renunciou a milhões de rúpias, e ele não carrega nenhum dinheiro consigo. Qual é o sentido de se lembrar de um dinheiro que você não tem consigo naquela hora? Há um sentido. Existe um benefício: preencher o ego. "Eu? Eu renunciei a milhões de rúpias. Sou melhor do que as pessoas que ainda se apegam aos seus milhões".

Esse é o motivo pelo qual consideramos um monge alguém melhor do que um homem comum, porque ele renuncia. Se um monge também passar a acreditar que é melhor que o outro, ele deu errado, porque isso é atitude de um homem comum. Ele se torna esse homem novamente, pois o ego voltou a ser o centro de sua inteligência.

A questão não é apenas sobre possuir riqueza e status, é também uma questão de renunciar a eles. Não é uma questão de o que você possui, mas sim de você estar ou não alimentando seu ego com isso. O que você tem e o que deixa de ter podem, ambos, maximizar o ego. O que você alcançou e a que renunciou têm o poder de inflar seu ego.

Esvaziamento significa estar vazio de ego. É por isso que não considero renunciar às riquezas mundanas um tipo verdadeiro de

◆ Três passos para despertar ◆

renúncia. Não chamo a renúncia à casa de renúncia. Tampouco a renúncia a uma posição social é, para mim, de fato uma renúncia. Isso porque esse tipo de renúncia pode cumprir o mesmo propósito que as coisas em si cumpriam. A única coisa que considero como verdadeira renúncia é a renúncia ao ego. Nada além disso é renúncia. Apenas quando o ego se vai é que a renúncia existe de verdade.

Entenda bem isso, pois o que você vai fazer? Desde sempre lhe ensinaram que o ego é ruim, que ter ego é pecado, que se deve abandonar o ego. O que fazer? Ainda que você entenda que o ego é ruim, o que você vai fazer? Você vai ser pego tentando abandoná-lo, achando que deve se livrar dele. Isso vai virar uma tremenda loucura. Quem consegue abandonar o ego? O próprio ego, o próprio "eu". E então você vai acabar cometendo o mesmo erro de novo e vai ficar feito cachorro correndo atrás do rabo. Ele gira e o rabo também gira; então ele gira de novo. Fica surpreso por não conseguir alcançar seu próprio rabo – qual é o problema? Quanto mais falha, mais quer alcançá-lo e mais difícil aquilo vai ficando. Um cachorro não consegue alcançar seu rabo, e um ego não consegue destruir um ego.

Muitas pessoas anseiam que seu ego desapareça. Quanto mais tentam, mais sutil seu ego se torna por causa do medo delas; ele começa a se retrair. Ele desaparece do lado de fora e se assenta do lado de dentro. Um que fica na superfície é bem melhor do que aquele que se esconde do lado de dentro. Esse é muito perigoso. O que está na superfície pode ser visto, o que está escondido, não. Ele rasteja até lá no fundo.

Um homem comum não possui a mesma sutileza do ego daqueles a quem chamamos de santos ou pessoas sagradas. É por isso que monges de todo o mundo não podem conhecer uns aos outros. Existe um muro entre eles. Que tipo de muro? Chefes de família têm muros em suas casas, isso é compreensível. Mas que tipo de muros os santos, que não possuem sequer uma casa, podem ter? Chefes de família têm muros entre si. Como conhecer um vizinho? Existe um muro ali no meio. Que tipo de muros os santos possuem?

Santos possuem muros mais sutis, o muro de seus egos. Em meia hora, você consegue derrubar muros feitos de cimento e

♦ A mente vazia ♦

pedra, mas derrubar os muros do ego demora muitas vidas. Eles o cercam de forma muito perspicaz.

Não se pode destruir um ego diretamente. Aquele que tenta fazer isso está cometendo um erro. O ego ficará mais vivo, vai se retrair à inconsciência e se esconder lá. Vai parar de se mostrar do lado de fora e ficar cada vez mais enraizado. Vai tomar conta da alma, vai dominar toda a alma.

Vou lhes contar uma história. Aí vocês entenderão o que quero dizer quando falo de alguém que não tem ego. Vou explicar como a ausência do ego pode ocorrer e, então, vocês compreenderão o esvaziamento. Certa vez...

♦

Um jovem *sannyasin* ficou um tempo fora de sua vila. Era um jovem bonito. Muitas pessoas o amavam e respeitavam. Era tido em alta estima e seus pensamentos eram bastante influentes. Tinha uma visão revolucionária e sua vida irradiava força. Mas um dia, de repente, tudo mudou. As mesmas pessoas da vila que tanto o respeitavam atearam fogo em sua cabana; as mesmas pessoas que beijaram seus pés atiraram-lhe pedras, e aqueles que um dia o honraram passaram a insultá-lo.

Isso acontece muito. Qualquer dia desses, as pessoas que o respeitam irão se vingar de você insultando-o. Você deve ter medo daqueles que o respeitam, porque um dia eles vão se vingar de você. O ego dessas pessoas foi ferido pelo respeito que elas lhe deram. Respeitá-lo significa aceitar que alguém lhe é superior. Isso fere as pessoas profundamente e um dia elas se vingam. Tenha muito medo de quem o respeita, pois essa pessoa pode insultá-lo a qualquer momento. Ela pode acabar com você qualquer dia desses. A qualquer hora, ela pode querer se vingar por causa desse respeito.

♦

Uma vez, veio um homem e tocou-me os pés. Eu disse a ele:
— Não toque meus pés; é perigoso.
Ele perguntou:
— Qual é o problema?

◆ Três passos para despertar ◆

O problema é que ele pode querer se vingar qualquer dia. Hoje ele me toca os pés, mas amanhã, na primeira oportunidade, ele apanha um pedaço de pau para quebrar minha cabeça.

◆

O povo da vila respeitou muito aquele jovem. Até que um dia todos passaram a insultá-lo. O que houve foi que uma jovem havia dado à luz um bebê e dito que o *sannyasin* era o pai. Então, naturalmente, eles começaram a insultá-lo. Era de se esperar que o fizessem. Era absolutamente natural. O que havia de errado nisso? O que o povo daquela vila estava fazendo era o certo. Eles pegaram a criança e a levaram até o *sannyasin*. Ele disse:

— Qual é o problema? O que significa tudo isso?

— Você ainda pergunta qual é o problema? — eles responderam. — Olhe para o rosto desta criança e então nos diga o que significa isso tudo. Você sabe muito bem qual é o problema. Se você não sabe, quem vai saber? Esta criança é sua.

O *sannyasin* respondeu:

— É mesmo? É meu filho?

A criança começou a chorar e o jovem *sannyasin* ficou tentando acalmá-la e fazê-la parar. Pouco depois, as pessoas da vila foram embora e deixaram o bebê lá.

Ainda era de manhã. O *sannyasin* pegou a criança e a levou consigo para a vila em sua ronda matinal pedindo por comida da mesma forma que fazia todos os dias – mas, naquele dia, quem iria lhe dar esmolas? Os mesmos que deram milhões a você enquanto o respeitavam irão insultá-lo, não lhe dando nem um pedaço de pão. Quem iria dar pão a ele? Em todos os lugares a que ia, batiam a porta na sua cara. Em todas as casas que pedia, fechavam-lhe as portas e lhe diziam para ir embora. Uma multidão começou a segui-lo.

Talvez nenhum outro *sannyasin* neste mundo já tenha saído para pedir comida com uma criança nos braços. A criança ia chorando e ele ia pedindo. A criança ia chorando e o *sannyasin* ria das pessoas que costumavam lhe dar tanto amor e respeito. Então ele foi até a casa da moça que havia dado à luz o menino. Ao bater lá, ele disse:

A mente vazia

— Por favor, não pense em mim, mas nesta criança que está chorando de fome. Mesmo que eu seja culpado por tudo, a criança é inocente. Por que você a está punindo a troco de nada? Por favor, dê a ela algum leite.

Ao ver o filho naquele estado, a pobre mulher quase não aguentou. Ela disse ao pai:

— Por favor, me perdoe. Eu menti. Eu não conheço esse *sannyasin*. Para salvar o verdadeiro pai, coloquei a culpa nele. Achei que você só ia ralhar um pouco com ele e voltar com meu filho para casa. Jamais imaginei que chegaria a este ponto.

As pessoas daquela casa ficaram muito preocupadas com tudo o que estava acontecendo. Compreenderam que haviam cometido um grande erro. Correram, ajoelharam-se aos pés do *sannyasin* e tiraram a criança de seus braços.

O *sannyasin* perguntou:

— O que significa tudo isso? Qual é o problema?

Elas responderam:

— A criança não é sua.

Ele disse:

— É mesmo? Não é meu filho? Hoje de manhã vocês me disseram que o filho era meu.

Esse era um homem sem ego. As pessoas lhe disseram:

— Você é louco! Por que não nos disse hoje de manhã que o filho não era seu?

— Que diferença teria feito? O menino precisa ser de alguém, poderia ter sido meu — ele respondeu, referindo-se ao fato de que o menino precisava de um pai. — Agora que vocês já me maltrataram, vão maltratar outra pessoa. E para quê? Vocês já queimaram minha casa, agora vão queimar a casa de outro. Para quê? Que diferença faz agora? Foi melhor assim. Agora eu sei o quão profundo são o amor e o respeito que vocês têm por mim. E sei quanto vale aquilo que vocês dizem. Foi bom tudo isso ter acontecido. A criança acabou me fazendo um grande favor. Agora vejo as coisas com mais clareza.

Eles disseram:

— Você está completamente maluco! Se tivesse ao menos insinuado que a criança não era sua, nada disso teria acontecido.

E ele respondeu:

◆ Três passos para despertar ◆

— Que diferença teria feito? O respeito que vocês tinham por mim foi por água abaixo. Eu sou monge por causa do respeito? Por amor à respeitabilidade, para que eu possa ter o respeito de vocês? Quando me tornei monge, abandonei a possibilidade de ser honrado ou desonrado por vocês. Se eu tivesse me comportado de acordo com o seu respeito ou seus insultos, que tipo de monge eu seria?

◆

Na realidade, só alguém que não tem o sentimento do "eu" dentro de si é sábio. Esse sentimento de "eu" não vai embora diretamente, mas indiretamente. Como isso acontece? A primeira parte da disciplina interior para dissolver o sentimento do "eu" é se perguntar: "Quem sou eu?" – é procurar onde esse "eu" está.

Ramana Maharshi disse que é preciso perguntar-se a si mesmo: "Quem sou eu?". Eu não digo para vocês se perguntarem isso. Peço que se perguntem: "Onde eu estou?". Procurem dentro de suas mentes: "Onde eu estou?". Procurem em seus corpos: "Onde eu estou?". Vocês não se encontrarão em lugar nenhum. Se vocês se sentarem em silêncio e se perguntarem "Onde eu estou?", podem continuar procurando e não vão encontrar nenhum ponto em que possam afirmar: "Eu estou aqui" quando se procura dentro de si. Ao procurar dentro de si, você não vai encontrar um "eu" em nenhum lugar.

◆

Havia um imperador na China chamado Wu. Um monge chamado Bodidarma viajou à China e, ao chegar lá, Wu foi até a fronteira encontrá-lo. Wu disse a Bodidarma que havia construído muitos templos budistas e comunidades para peregrinos; que havia erguido várias estátuas de Buda; dado abrigo a muitos monges e *sannyasins*; aberto várias universidades; feito muitas doações à caridade; feito inúmeras boas ações. Ele perguntou:

— Qual será o fruto disso tudo?

Bodidarma disse:

— Nenhum; foi tudo um desperdício. Quando você espera uma recompensa, tudo passa a ser em vão. Não se trata de caridade

◆ A mente vazia ◆

nem nada do tipo, tudo vira pecado. Fazer as coisas esperando algo em troca é pecado. Ao fazer essa pergunta, você jogou tudo fora. Se tivesse permanecido em silêncio, se não tivesse perguntado nada, se não tivesse vontade de fazer essa pergunta, você teria tido um enorme florescer.

Wu pensou: *Este homem, Bodidarma, parece ser alguém único. Talvez ele possa fazer algo por mim.* E disse:

— Minha cabeça está muito perturbada. Você pode me mostrar uma maneira de fazê-la ficar em paz?

Bodidarma disse:

— Venha me ver às quatro horas da manhã e esteja sozinho quando vier. Vou fazer com que tudo fique em paz.

Ao ouvir aquilo, o imperador ficou ainda mais maravilhado. Ele achou aquele monge bem estranho. *Eu já fiz essa pergunta a vários monges e eles falaram várias coisas, mas nenhum deles disse que faria tudo ficar em paz.*

Quando ele saiu e estava descendo as escadas, Bodidarma gritou-lhe lá de cima:

— Escute, certifique-se de trazer sua cabeça com você quando vier. Não a deixe em casa, pois, se vier de mãos vazias, o que é que vou deixar em paz? Traga sua cabeça consigo e vou deixá-la em paz. Senão, você pode vir mais tarde como de costume. Algumas pessoas malucas vêm até mim dizendo que querem deixar suas mentes tranquilas. Eu lhes digo para voltarem e elas vêm de mãos vazias. Elas não trazem as mentes consigo. Então é melhor você trazer a sua junto com você.

Wu ficou ainda mais surpreso. Ele pensou: *Quando eu voltar, naturalmente, minha mente voltará comigo. O que ele quis dizer com isso?*

De manhãzinha, ele ficou pensando sobre aquilo no caminho. Assim que chegou lá, Bodidarma lhe perguntou:

— Você a trouxe? Trouxe sua mente?

Wu perguntou:

— Do que você está falando? Minha mente faz parte de mim.

Bodidarma disse:

— Então feche os olhos e procure-a. Onde ela está? Se conseguir achar onde ela está, farei com que ela fique em paz. Se não conseguir encontrá-la, o que posso fazer?

◆ Três passos para despertar ◆

O imperador procurou muito. Fechou os olhos e procurou até se dar conta de que não a encontrava em lugar nenhum. Procurou, procurou, mas não havia mente, havia apenas um silêncio absoluto. Ele abriu os olhos e disse:

— Estou com um grande problema. Não existe absolutamente nada a ser encontrado.

Bodidarma respondeu:

— Ela ficou em paz. Como algo que nem é encontrado pode estar perturbado?

◆

Na verdade, você nunca se voltou para dentro e olhou. Sua mente se origina em seu ser fora de si mesmo. Se olhar para dentro e procurar, você não vai encontrar nenhuma mente. Estar fora de si mesmo é a origem do seu "eu". Se olhar para dentro, não encontrará nenhum "eu", nenhum "mim"; eles são a sombra exterior do seu ser. Como você está constantemente se movendo para fora do seu ser, 24 horas por dia, uma sombra acaba nascendo e ela lhe dá a impressão de um "eu".

Você já deve ter percebido que, quando anda na rua, uma sombra o segue. Você acha que a sombra que começa a segui-lo assim que você põe o pé na rua ainda está atrás de você uma hora depois?

Já não é a mesma sombra que o está seguindo. Ela muda a cada instante. Como a mesma sombra poderia segui-lo? Novos raios continuam caindo sobre você a todo momento e uma nova sombra vai se formando. Você se desloca um centímetro e uma nova sombra se forma. Não é mais a mesma sombra que você viu no início. Se andar por uma hora, uma nova sombra vai se formar a cada segundo. Depois de uma hora, você diz que sua sombra o está seguindo. Essa é uma afirmação totalmente falsa. Não é a mesma sombra. A sombra se renova a cada instante. Nenhuma sombra o está seguindo. Quando você fica sob o Sol, uma sombra se forma a todo momento. Se você caminhar para a frente, uma nova sombra se formará; se caminhar mais à frente, outra sombra será formada; e se caminhar ainda mais longe, uma terceira sombra irá se formar. Enquanto você continuar se movendo, novas sombras estarão se formando. Não existe nenhuma sombra o seguindo.

◆ A mente vazia ◆

Da mesma forma, no mundo exterior estamos constantemente envolvidos nas atividades do dia a dia. Nessas atividades, forma-se uma sombra em constante mudança. Não conseguimos ver essa mudança constante e temos a ilusão de que se trata do "eu". A ilusão do "eu sou", a sensação do "eu sou" é a sombra que surge da nossa interação com o mundo externo. Começamos a nos apegar ao "eu".

Olhe para dentro e não vai encontrar nenhum "eu" ali. Não importa o quanto você procure, não vai encontrar nenhum "eu". Não existe sombra. Não existe atividade nenhuma. Não existe relacionamento com ninguém. Não existe Sol por meio do qual uma sombra pode se formar. Você sai de casa e uma sombra se forma. Você entra em casa e a sombra desaparece.

Um homem fica perambulando por uma hora. Se ele voltar para casa e disser: "Ainda tem uma sombra me seguindo", e me pedir para apontá-la, eu lhe direi que não há nenhuma sombra dentro da casa. A sombra só existe fora de casa.

O próprio sentimento do "eu" ou do "mim" é uma sombra nascida a partir do relacionamento com os outros. Só quando eu o vejo sinto que você está aí. Ao vê-lo, sinto que você está aí. Ao ver o mundo, vejo que todas as pessoas estão ali e, por causa delas, eu também estou. A sombra do sentimento do "eu" só nasce por causa do sentimento do "você". Onde existe um "você" existe um "eu", mas, se eu for para dentro de mim, não existirá nenhum "você". Quando não existe nenhum "você", como pode existir um "eu"?

Vocês entendem o que estou dizendo? Quando o "eu" está em frente a um "você", por causa desse "você" nasce o sentimento do "eu". Se eu olhar para dentro, não haverá nenhum "você". Se não há nenhum "você", como poderá haver um "eu"? Na ausência de um "você", o "eu" não nasce.

Não existe "eu". Passamos a vida toda fora de nós para sentirmos que existe um "eu". Começamos a gerar uma sombra, um "eu" que é completamente imaginário, um "eu" que nasceu por causa de um "você", para reagir a esse "você", uma sombra gerada a partir de relacionamentos externos. Ele deveria ter uma posição social mais elevada, deveria ser mais rico, ter uma casa maior, deveria ter isso e aquilo. Passamos a vida toda mantendo um "eu" que é completamente imaginário e falso, que é apenas o eco de um "você".

Estamos fadados a falhar. Se um homem vestir sua sombra, se ele construir uma casa para ela, se acumular riqueza para ela, no fim, vai perceber que essa sombra não existe e tudo foi deixado para trás. Então o sofrimento e a angústia tomam conta de sua mente, causam sofrimento, descontentamento; essa é a sua frustração e impotência.

O que estou dizendo é: vá para dentro da sombra do "eu" que nasceu do "você" e observe. Não pergunte: "Quem sou eu?". Pergunte: "Onde eu estou?". Você vai procurar e perceber que "eu" estou em lugar nenhum. Se "eu" não estou em nenhum lugar, uma transformação vai começar na sua vida; todas as formas de preencher esse "eu" parecerão fúteis. Ganhar uma posição para o "eu", acumular fortuna para o "eu" e até o ato de renunciar pelo "eu" não terão sentido nenhum. É inútil fazer qualquer coisa para algo que sequer existe.

Não há nada mais falso, mais ilusório e enganador do que o "eu". Não há ilusão maior do que o "eu". O "eu" é a maior ilusão que existe.

Se o "eu" desaparecer, se você não puder encontrá-lo, o que acontece? Você passa a distinguir a verdade, a alma, o divino. Quando a sombra, o "eu", desaparece, você passa a distinguir a verdade. Essa é a sua verdadeira natureza, é o seu ser autêntico, definitivo, sua alma.

Para eliminar o "eu", não há necessidade de mudar a roupa, de renunciar à riqueza. Em vez disso, é preciso procurar se o "eu" está ali ou não. Se o "eu" que você deseja abandonar não estiver ali, é loucura tentar fazê-lo. Você só precisa saber se o "eu" está ali ou não. Se não houver nenhum "eu", não há do que se livrar.

É por isso que digo que não é uma questão de abandonar o ego. Aquele que o fizer, ficará com um ego ainda mais sólido. Ele está lutando contra uma sombra, não está? Está lutando com algo que não está ali. O que não está ali não pode ser derrotado por meio de uma luta. Será derrotado apenas por algo que não está ali.

Por favor, tentem entender o que estou dizendo. Se você brigar com algo que não existe, vai ser derrotado, porque não se pode

A mente vazia

derrotar aquilo que não existe. O que é realmente necessário é saber se o "eu" está ali ou não. Antes de começar a pensar em ficar sem ego, você precisa saber onde o ego está. Ele está aí em algum lugar?

Quem procura pacientemente dentro de si descobre que não há nada ali. Quem procura calmamente dentro de si descobre que não há nada ali. Por meio da meditação, da paz, da simplicidade da mente, não se pode encontrar o ego. Quando nada pode ser encontrado, a vida começa a se transformar. O comportamento do dia a dia, que outrora era baseado em ego, agora se baseia na realidade. Todas as ações concentravam-se no ego. Quando esse centro se dissolve, o mundo se transforma. As pessoas ficam diferentes. Nasce uma outra pessoa cujas ações são voltadas à realidade. Assim, o ego não pode mais ser o centro de tudo. Agora, a realidade, a alma, a existência é que é o centro. Agora, o que essa pessoa realiza não é para preencher seu ego; mas sim um presente da alma, uma partilha do seu ser, algo que se dispersa e difunde.

O ego acumula, o não ego compartilha. Para mim, caridade são todas as ações praticadas sem ego. Não existe caridade em ações que preenchem egos. Tais ações são exigências; alguém pretende alguma coisa. Alguém cheio de ego exige alguma coisa e alguém sem ego compartilha. É por isso que, enquanto você tiver alguma noção de ego, não consegue ser caridoso. Sua caridade será apenas uma necessidade. Se você construir um templo, será para que possa ser recompensado por isso no céu. Se você der comida a um monge, ou esmolas, vai pensar que deve ser recompensado na próxima vida por essa ação virtuosa. Qualquer coisa que fizer, se renunciar a algo, na sua cabeça você vai achar que aquilo vai levá-lo à liberdade. Enquanto você tiver algum resquício de ego dentro de si, não importa o que fizer, haverá sempre uma exigência por trás. Sempre vai haver a motivação de lucrar ou de ganhar algo com aquilo.

Até que o ego acabe, não existe caridade. Só é possível fazer caridade quando não existe ego. Aí, qualquer coisa que você fizer será caridade, pois a exigência não existe mais. Existe apenas desapego e partilha. É esse sentimento que eu chamo de esvaziar-se. O sentimento de vazio é o *sannyas*. O esvaziamento do "eu" é o terceiro passo. Ao procurar pelo "eu", vai ver que ele já não está mais ali; o "eu" está vazio.

Estes são os três passos: a liberdade da consciência, a simplicidade da mente e a mente vazia. Se essas três joias encontrarem um espaço na sua vida, algo vai nascer dessa combinação, algo que se chama iluminação. A iluminação é a porta para a verdade. A iluminação é a porta para o autoconhecimento. A iluminação é a porta para uma vida suprema. Só por meio da iluminação é possível chegar ao êxtase, à luz, à felicidade.

Só depois de alcançar essa iluminação é que alguém se torna grato e abençoado. Aquele que não a alcança pode considerar-se morto; pode se considerar no túmulo. Quem ainda não alcançou esse estado já está no túmulo. Sua vida é inútil. Sua vida não tem sentido nenhum. Ela não vale a pena; ela é desprovida de gratidão.

Para mim, religião é uma forma de trazer gratidão e sentido à vida. Religião significa alcançar a iluminação. Iluminação e religião são a mesma coisa. A religião é a própria natureza do ser e, por meio da iluminação, a percepção, o encontro e a experiência desse ser acontece.

Abençoadas sejam as poucas pessoas que alcançam a iluminação. Só elas estão vivas, o restante das pessoas nem existe. São apenas sombras. Aqueles que acreditam nas sombras também são sombras. Quem acredita na reação, na arrogância e no ego é apenas uma sombra. Não acreditem em sombras. Não se apeguem a elas.

Existem duas maneiras de se apegar à sombra. Aquele que se entrega a prazeres sexuais procura tais prazeres para a sombra. E o devoto que sai em busca de renúncias reage às suas vontades por prazeres sexuais. Ambos são loucos. Se algo é uma sombra, nem a entrega, nem a renúncia a ela fazem sentido.

Ao conhecer a sombra, ela desaparece. Não há entrega, nem renúncia, nem apego, nem abandono. É um estado que está além da entrega e da renúncia. Onde há atração, acredita-se na sombra; onde há renúncia, também se acredita na sombra. Aquele que acumula riquezas acredita na riqueza. O homem que procura mulheres acredita em mulheres, e o que foge delas também. Ambos acreditam. Um se entrega à atração e o outro é inimigo dela. Um vai em direção à sombra e o outro corre dela,

◆ A mente vazia ◆

mas ambos acreditam nela. Eles acreditam no "eu" que não existe. Ambos estão errados. Só está certo aquele que está além das atrações e das aversões.

Isso significa que, quando não há mais atração nem aversão, é porque a sombra se dissipou. Você não precisa mais seguir ninguém nem se esconder de nada. Você não tem que ir atrás nem fugir de ninguém. Quem vai atrás de algo está fugindo de si; quem corre de alguém também está correndo de algo dentro de si. Aquele que não corre atrás nem foge de nada está enraizado em si mesmo. Estar enraizado em si mesmo é a verdade; estar em si mesmo é a religião; estar em si mesmo é estar na alma; estar em si mesmo é alcançar o divino.

Era isso que eu queria dizer a vocês nestes três dias. Quem sabe algumas das minhas palavras se tornem sementes dentro de vocês. Talvez alguma delas brote aí dentro. Talvez algo passe a ser um guia para vocês; peço à existência que sim.

Sou muito grato por vocês terem me escutado com tanto amor e tanta paz. Por fim, eu me curvo ao buda que existe dentro de vocês. Por favor, aceitem meus cumprimentos.

115

Sobre OSHO

OSHO dispensa categorizações. Suas milhares de palestras falam sobre tudo, desde questões individuais às maiores e mais urgentes questões sociais e políticas enfrentadas pela sociedade atualmente. Os livros de OSHO não foram escritos, mas transcritos de áudios e vídeos gravados de suas palestras extemporâneas para audiências internacionais. Como ele próprio dizia: "Lembre-se, o que quer que eu diga, não é apenas para você... Estou falando com as futuras gerações também". OSHO foi descrito pelo *Sunny Times* de Londres como um dos "1.000 maiores influenciadores do século XX" e pelo autor americano Tom Robbins como "o homem mais perigoso desde Jesus Cristo". O *Sunday Mid-Day* (Índia) selecionou OSHO como uma das dez pessoas – logo depois de Gandhi, Nehru e Buda – que mudaram o destino da Índia. Sobre o seu próprio trabalho, OSHO dizia que estava ajudando a criar as condições para o nascimento de um novo tipo de ser humano. Ele costumava caracterizar o novo humano como "Zorba, o Buda"– capaz de aproveitar os prazeres terrestres de Zorba, o grego, e o sereno silêncio de um Gautama Buda. Ao observar todos os aspectos das palestras e meditações de OSHO, tem-se uma visão que abarca a sabedoria atemporal de todas as eras passadas e o ápice do potencial da ciência e tecnologia atual e futura. OSHO é conhecido por sua revolucionária contribuição para a ciência da transformação interior, com uma abordagem de meditação que reconhece o ritmo acelerado da vida contemporânea. Sua fórmula única de meditação é desenvolvida para primeiro liberar o estresse acumulado do corpo e da mente, tornar mais fácil a experiência de relaxamento concentrado e livre de pensamentos no dia a dia.

DUAS AUTOBIOGRAFIAS ESTÃO DISPONÍVEIS NO MERCADO MUNDIAL:

Autobiography of a Spiritually Incorrect Mystic
Glimpses of a Golden Childhood

Resort de meditação internacional OSHO

LOCALIZAÇÃO:
Localizado a 160 quilômetros a sudeste de Mumbai, na próspera e moderna cidade de Pune, na Índia, o Resort de Meditação Internacional OSHO é um destino de férias diferenciado. O Resort de Meditação está distribuído por mais de 11 hectares de maravilhosos jardins em uma bela área residencial arborizada.

MEDITAÇÕES OSHO:
Uma programação diária repleta de meditações para todo tipo de pessoa, incluindo tanto métodos tradicionais quanto revolucionários, principalmente as Meditações Ativas OSHO. As meditações são realizadas naquela que pode ser a maior sala de meditação do mundo, o Auditório OSHO.

MULTIVERSIDADE OSHO:
Sessões individuais, cursos e workshops abrangem tudo, desde artes criativas até saúde holística, transformação pessoal, transição de relacionamentos e de vida, transformação da meditação em um estilo de vida e trabalho, ciências esotéricas e a abordagem "zen" para esportes e recreação. O segredo do sucesso da Multiversidade OSHO está no fato de que todos os seus programas são combinados com meditação, apoiando a compreensão de que, como seres humanos, somos muito mais do que a soma de nossas partes.

BASHO SPA OSHO:
O luxuoso Basho Spa oferece natação ao ar livre, rodeada de árvores e verde tropical. A espaçosa jacuzzi de estilo exclusivo, as saunas, a academia de ginástica, as quadras de tênis... tudo é realçado por um cenário incrivelmente belo.

GASTRONOMIA:
Uma variedade de diferentes áreas gastronômicas serve deliciosos pratos de comida vegetariana ocidental, asiática e indiana – a maioria cultivada orgânica e especialmente para o Resort de Meditação. Os pães e bolos são feitos na própria padaria do Resort.

VIDA NOTURNA:
Há muitos eventos noturnos para escolher, sendo que a dança está no topo da lista! Outras atividades incluem meditações sob a lua cheia e as estrelas, shows de variedades, performances musicais e meditações para a vida cotidiana.

Ou você pode simplesmente aproveitar para conhecer pessoas no Café Plaza ou caminhar na serenidade dos jardins desse ambiente de conto de fadas.

INSTALAÇÕES:
Você pode comprar todos os seus produtos de higiene pessoal e necessidades básicas na Galleria. A Galeria Multimídia OSHO vende uma grande variedade de produtos de mídia OSHO. Há também um banco, uma agência de viagens e um Cyber Café no campus. Para quem gosta de fazer compras, Pune oferece todas as opções, desde produtos indianos tradicionais e étnicos a todas as lojas de marcas globais.

HOSPEDAGEM:
Você pode escolher ficar nos elegantes quartos da OSHO Guesthouse ou, para estadias mais longas no campus, você pode selecionar um dos pacotes do programa OSHO Living-In. Além disso, há uma grande variedade de hotéis e apartamentos com serviços nas proximidades.

www.osho.com/meditationresort
www.osho.com/guesthouse
www.osho.com/livingin

PARA MAIS INFORMAÇÕES:

www.osho.com

OSHO

Um site de múltiplas linguagens que inclui uma revista, os livros de OSHO, as palestras de OSHO em áudio e vídeo, uma biblioteca de textos de OSHO em inglês e híndi e extensas informações sobre o Resort Internacional de Meditação de OSHO.

SITES:
http://OSHO.com/AllAboutOSHO
http://OSHO.com/Resort
http://OSHO.com/Shop
http://www.youtube.com/OSHOinternational
http://www.twitter.com/OSHO
http://www.facebook.com/pages/OSHO.International

PARA CONTATAR A FUNDAÇÃO INTERNACIONAL DE OSHO:
www.osho.com/oshointernational
oshointernational@oshointernational.com

Este livro foi publicado em janeiro de 2024 pela Editora Nacional.

Impressão e acabamento pela Gráfica Santa Marta.